Das kleine Bitcoin-Buch

Warum Bitcoin für deine Freiheit, Finanzen und Zukunft wichtig ist

Timi Ajiboye

Luis Buenaventura

Alex Gladstein

Lily Liu

Alexander Lloyd

Alejandro Machado

Jimmy Song

Alena Vranova

APRYCÖT

Offizielle Übersetzung des englischen Originaltitels:
The Little Bitcoin Book – Why Bitcoin Matters for Your Freedom,
Finances, and Future

Erstveröffentlichung durch: 21 Million Books, Redwood City, CA

ISBN 978-3-949098-07-9 (Print)
ISBN 978-3-949098-08-6 (ePub)

Titel: Das kleine Bitcoin-Buch: Warum Bitcoin für deine Freiheit, Finanzen
und Zukunft wichtig ist
Übersetzung: Fabio Troendle
Lektorat: Tanja Giese
Layout & Satz: Benjamin Haas, Hounslow, UK
Cover: Luis Buenaventura & Benjamin Haas, Hounslow, UK
Illustration: Luis Buenaventura, Timi Ajiboye
Druck und Bindung: CPI books GmbH, Leck
Verlag: Aprycot Media, Muldenweg 8, 79618 Rheinfelden,
info@aprycot.media

MIX
Papier | Fördert
gute Waldnutzung
FSC
www.fsc.org   FSC® C083411

1. Auflage 2021
Aprycot Media – Der Bitcoin Verlag – www.aprycot.media
X & Instagram: @aprycotmedia

Inhaltsverzeichnis

Vorwort

Wir sind Aktivisten, Bildungsexperten, Unternehmer, Führungskräfte, Investoren und Forscher. Wir kommen aus Afrika, Asien, Europa, Nord- und Südamerika. Wir unterscheiden uns in vielerlei Hinsicht, sind aber alle fasziniert von Bitcoin und dem Einfluss, den dieses System unserer Meinung nach auf unsere Welt und unser Leben haben wird.

Im März 2019 sprach Jimmy mit einigen von uns über die Idee, einen Buchsprint zu machen, bei dem wir an einem abgelegenen Ort für ein paar Tage zusammenkommen würden, um ein Buch über Bitcoin und seine Bedeutung für die Gesellschaft zu schreiben. Zwei Monate später, beim Oslo Freedom Forum, versammelten wir uns auf einem Dach in Norwegen, umgeben von dem aufgeregten Gemurmel von Menschenrechtsaktivisten und Journalisten aus allen Kontinenten. Das Gespräch drehte sich unweigerlich um Bitcoin und seine weltverändernden Möglichkeiten. Alex ermutigte die Gruppe, ein Buch zu schreiben, das erklärt, warum Bitcoin wichtig ist, ohne den Techno-Sprech zu verwenden, der in Büchern dieses Genres üblich ist. Wir wollten dem neugierigen Leser helfen, die menschlichen Auswirkungen einer der tiefgreifendsten Innovationen unserer Zeit zu verstehen. Ein paar Monate später trafen wir uns zu acht in einem Haus in Kalifornien, um diese Idee in die Tat umzusetzen.

Was du jetzt in deinen Händen hältst, ist das Ergebnis dieser viertägigen Bemühungen. Das Ziel dieses Buches ist es, dir verstehen zu helfen, warum es Probleme mit dem heutigen Geldsystem gibt, warum Bitcoin erfunden wurde, um eine Alternative zu bieten, wie diese Kryptowährung Politik und Gesellschaft verändern wird und was Bitcoin für die Zukunft bedeutet.

Wir hoffen aufrichtig, dass du beim Lesen dieses Buches genauso von Bitcoin begeistert sein wirst, wie wir es sind.

8. August 2019
Redwood City, Kalifornien

DAS KLEINE BITCOIN BUCH

Über die Autoren

Timi Ajiboye ist ein Softwareentwickler und Unternehmer aus Lagos, Nigeria. Er ist Mitbegründer und Betreiber von BuyCoins (buycoins.africa), eine Börse, die es Afrikanern ermöglicht, Bitcoin einfach mit ihrer lokalen Währung zu kaufen und zu verkaufen. Twitter: @timigod

Luis Buenaventura ist Mitgründer von BloomX (bloom. solutions), einem Start-up auf den Philippinen, das den sicheren Handel mit Kryptowährungen in die Schwellenländer bringt. Er ist ein gefragter Redner und Autor und auch der Gründer von Cryptopop.net, einer Kunstinitiative, die Kryptowährungen für den Mainstream zugänglich macht. Twitter: @helloluis

Alex Gladstein ist der Chief Strategy Officer der Human Rights Foundation (hrf.org), einer Non-Profit-Organisation, die bürgerliche Freiheiten fördert und Autoritarismus auf der ganzen Welt herausfordert. Er hält auch Vorlesungen über Bitcoin und Governance für die Singularity University und hat über die Überschneidung von Technologie und Freiheit in Medien wie TIME, CNN und dem Bitcoin Magazine geschrieben. Twitter: @gladstein

Lily Liu ist eine Investorin und Unternehmerin. Zuletzt war sie Mitgründerin und CFO von Earn.com, einer Plattform, die es dir ermöglichte, in deiner Freizeit Bitcoin zu verdienen, und die 2018 an Coinbase verkauft wurde. Davor baute sie ein Krankenhaus in China auf, arbeitete bei KKR und McKinsey und studierte in Stanford und Harvard. Twitter: @calilyliu

Alexander Lloyd investiert seit 1998 in Early-Stage Start-ups und gründete 2008 Accelerator Ventures. Seinen ersten Job hatte er bei Goldman Sachs im Devisenhandel. Im Jahr 2016 trat er dem Vorstand der Human Rights Foundation bei, wo er sich auf Nordkorea konzentriert. Twitter: @alex01

Alejandro Machado ist Gründer der Open Money Initiative (openmoneyinitiative.org), einer Non-Profit-Organisation, die erforscht, wie Menschen Geld in geschlossenen Volkswirtschaften und kollabierenden Geldsystemen nutzen. Er konzentriert sich darauf, den Zugang zu digitalem Geld für Venezolaner zu verbessern. Twitter: @alegw

Jimmy Song ist ein Bitcoin-Entwickler, Pädagoge und Unternehmer. Er ist der Autor von Programming Bitcoin (programmingbitcoin.com), veröffentlicht von O'Reilly. Er konzentriert sich darauf, solides Geld in die Welt zu bringen. Jimmys Cowboyhutfarbe zeigt an, ob er vorhat, nett oder gemein zu sein. Sein PGP-Fingerabdruck ist C1D7 97BE 7D10 5291 228C D70C FAA6 17E3 2679 E455. Twitter: @jimmysong

Alena Vranova hat seit 2003 erfolgreiche Finanzdienstleistungsunternehmen entwickelt. In den letzten sieben Jahren hat sie Privatpersonen und kleinen Unternehmen geholfen, ihre Bitcoins mit selbstverwahrenden Produkten und Dienstleistungen zu sichern. Im Jahr 2013 brachte sie Trezor auf den Markt, die erste Bitcoin-Hardware-Wallet, und derzeit leitet sie die Strategie-Abteilung bei Casa (keys.casa), die persönliche Bitcoin-Sicherheit und finanzielle Souveränität für jeden zugänglich machen. Twitter: @AlenaSatoshi

Die Autoren an Tag 3 des Buchsprints.

KAPITEL 1

Was stimmt mit dem heutigen Geld nicht?

Wir schreiben das Jahr 1981.

Nur wenige Monate nachdem in Manila das Kriegsrecht zum ersten Mal seit zehn Jahren offiziell aufgehoben wurde, heißt ein junges philippinisches Ehepaar sein erstes Kind auf dieser Welt willkommen. Der Diktator Ferdinand Marcos wird noch einige Jahre an der Macht bleiben, aber im Moment sind die Eltern von Luis nur um das Wohlergehen ihrer jungen Familie besorgt. Sie verfügen über ein kleines Sparkonto und haben zum ersten Mal ernsthaft begonnen, Geld zu sparen, um sich auf die turbulenten Jahre vorzubereiten, die vor ihnen liegen. Der Wechselkurs beträgt sieben philippinische Pesos für einen US-Dollar.

Wir schreiben das Jahr 1993.

In Lagos ergreift der nigerianische General Sani Abacha die Macht und fixiert die Wechselrate für einen US-Dollar auf 22 nigerianische Naira. Es ist ein aggressiver Schritt, der darauf abzielt, die Wirtschaft zu stabilisieren, indem er die weitere Abwertung des Naira verhindert. Der festgelegte Wechselkurs führt zu einer lebhaften Schattenwirtschaft, in der Naira zu einem viel niedrigeren Wert gehandelt werden. Zum Zeitpunkt von Abachas Tod im Jahr 1998 wurde auf dem Schwarzmarkt ein US-Dollar für bis zu 88 Naira gehandelt, das Vierfache des offiziellen Regierungskurses. Millionen leiden, da sie sich mit ihren gleichbleibenden Regierungsgehältern die steigenden Preise für Lebensmittel nicht mehr leisten können.

Wir schreiben das Jahr 2018.

Überall entlang der löchrigen Grenze Venezuelas fliehen die Bürger vor einer rekordverdächtigen Hyperinflation von 400.000 %, indem sie in die Nachbarländer Kolumbien und Brasilien übersetzen. Mehr als 3 Millionen sind bereits vor der verheerenden Hungersnot und dem sozialen Zusammenbruch geflohen.

Lorena, eine 48-jährige Bäckerin, trifft die schwierige Entscheidung, nach Kolumbien zu gehen. An der Grenze durchsuchen die Grenzbeamten ihr Hab und Gut nach Wertgegenständen, die sie konfiszieren wollen. Sie finden nichts. Sie wissen nicht, dass Lorena zuvor Stunden damit verbracht hat, US-Dollar-Scheine sorgfältig um Haarnadeln zu wickeln und sie in ihren kunstvollen Zöpfen zu verstecken. Sie schreitet hocherhobenen Hauptes in ein neues Land.

In Manila sehen Luis' Eltern, wie sich ihr Schicksal zum Schlechteren wendet. Der Wechselkurs liegt jetzt bei 50 philippinischen Pesos für einen US-Dollar, und ihr geduldiges Sparen über die Jahre hat zu einem Gesamtverlust von mehr als 80 % ihres Vermögens geführt. Da ihr Renteneintritt unmittelbar bevorsteht, haben sie keine andere Wahl, als weiter zu arbeiten und für eine gnadenlose und unvorhersehbare Zukunft zu sparen.

In Lagos befindet sich der Naira in einer kurzen Phase relativer Stabilität, nachdem er in nur wenigen Jahren weitere 50 % gegenüber dem US-Dollar verloren hat. Die Preise für lokale Waren sind wieder in die Höhe geschnellt. Niemand vertraut darauf, dass die Regierung eine weitere Wirtschaftskrise verhindern kann, nicht einmal die Regierungsbeamten selbst.

Wir schreiben das Jahr 2019.

In Shanghai schickt eine junge Berufstätige namens Annie einem ihrer Freunde Nachrichten auf WeChat, der beliebten Social-Media-Plattform, die täglich von mehr als einer Milliarde Chinesen genutzt wird. Ihr Freund erwähnt, dass er wegen des Rauchens von Marihuana in Schwierigkeiten ist, und mitten in ihrem Chat-Gespräch hört er plötzlich auf zu antworten.

Am nächsten Tag wird Annie in ihrem Büro von zwei Zivilpolizisten aufgesucht, die sie bitten, mit ihnen zu kommen. Ihre Kollegen sehen, wie sie geht und sie verschwindet für mehrere Wochen. Als sie endlich wieder online kommt, hat sie einige der Zahlungsmöglichkeiten in WeChat verloren. Sie kann keine Flug- oder Bahntickets mehr kaufen. Ihre Kreditwürdigkeit sinkt. Ihr Leben wird durch eine einzige Textnachricht ruiniert.

In Oakland geht Alex in eine Tierhandlung und sucht nach Hundefutter. Er findet, was er sucht, und dazu ein interessantes neues Produkt, eines, das verspricht, den Atem seines Hundes besser riechen zu lassen. Er zückt seine Chase-Visa-Karte, um das Futter zu bezahlen, und geht hinaus. Ein paar Minuten später checkt er Twitter, und es taucht eine Werbung für die Hundeleckerchen auf, genau wie die, die er gerade gekauft hat. Er entdeckt, dass Chase Informationen über seine täglichen Zahlungen an Drittfirmen weitergibt.

Mit einem beunruhigenden Gefühl, das den Menschen der Smartphone-Generation nur allzu vertraut ist, stellt Alex fest, dass Einzelheiten seines Privatlebens an Werbetreibende weitergegeben werden. Selbst in den USA verschwindet die finanzielle Privatsphäre.

Diese Geschichten zeigen, wie kaputt unser Geld ist.

Luis' Eltern und Millionen andere aus der philippinischen und nigerianischen Mittelschicht sahen zu, wie ihre Ersparnisse über eine einzige Generation hinweg in Zeitlupe verpufften.

Lorena brauchte eine Möglichkeit, ihre mageren Ersparnisse ohne Beschlagnahmung in ein neues Zuhause in Kolumbien zu bringen, also wurde sie kreativ mit ihrer Frisur. Annie ist jetzt in einem «finanziellen Gefängnis» in China, weil einer ihrer Freunde Gras geraucht hat. Alex' Einkäufe werden überwacht und mit jedem Zücken seiner Kreditkarte an zahlreiche Unternehmen weiterverkauft.

Diese Fälle sind nicht einzigartig.

Seit dem Jahr 2000 haben fast alle Währungen gegenüber dem US-Dollar erheblich an Wert verloren. Viele, wie zum Beispiel der südafrikanische Rand, der argentinische Peso und die türkische Lira, haben fast 50 % ihres Wertes verloren. Eine unglückliche Handvoll wie die ukrainische Griwna und der dominikanische Peso haben bis zu 70 % verloren. Selbst der US-Dollar und der Euro haben in dieser Zeit 33 % ihrer Kaufkraft verloren.

Weltweit kämpfen 250 Millionen Migranten und Flüchtlinge darum, ihr Geld nach Hause zu schicken oder es in andere Länder mitzunehmen. Rund zwei Milliarden Menschen haben keinen Zugang zu einem Bankkonto oder verfügen nicht über den dafür erforderlichen offiziellen Personalausweis. In einer zunehmend globalisierten Welt bleibt Geld beharrlich lokal.

In Metropolen wie Shanghai und San Francisco ist das beunruhigende Gefühl, beobachtet zu werden, inzwischen spürbar. Zum einen schaut der «Große Bruder», der Staat, zu. Zum anderen verfolgt der Überwachungskapitalismus jeden Einkauf und verkauft diese Daten ohne Erlaubnis des Käufers an Dutzende von Unternehmen. Privatsphäre ist heute ein Luxus, dessen Preis mit jedem Tag höher zu werden scheint.

Was ist Geld?

In seinem Kern ist Geld eine soziale Vereinbarung.

Geld erfordert, dass Menschen darauf vertrauen, dass die Scheine in ihren Brieftaschen, die Ziffern auf ihren Bankkonten und die Guthaben auf ihren Gutscheinen in der Zukunft für Dinge, die sie wollen oder brauchen, einlösbar sind. Der Verkäufer muss zustimmen, dass das Geld des Käufers wertvoll ist.

Im Laufe der Geschichte haben Gesellschaften mit verschiedenen Möglichkeiten experimentiert, diese Vereinbarung zu treffen, von Muscheln und Salz über Gold bis hin zu den komplexen Zentralbanksystemen, die heute verwendet werden. Einige Arten von Geld sind solider als andere, was bedeutet, dass sie ihren Wert mit der Zeit besser halten.

Instinktiv weiß jeder, dass Geld wichtig ist und dass er möglichst solides Geld haben möchte. Da die meisten Menschen ihre Arbeitskraft gegen Geld eintauschen, steht es für die Zeit und den Arbeitseinsatz einer Person. Geld ist das Medium, durch das Arbeit in Waren und Dienstleistungen in der Gegenwart und Zukunft umgewandelt wird. In diesem Sinne ist der Zugang zu solidem Geld eine der beständigsten Formen der persönlichen Macht.

Auch für die Regierung ist Geld von enormer Bedeutung. Da die heutigen Volkswirtschaften von Nationalstaaten organisiert werden, haben Regierungen die Macht, Geld zu kontrollieren. Allerdings kann die Kontrolle über Geld eine verlockende Gelegenheit zum Missbrauch sein. Beamte manipulieren diese Macht oft, um ihre Interessen durchzusetzen. Nur die demokratischsten Regierungen, die die Rechte des Einzelnen, die Gewaltenteilung und die Rechtsstaatlichkeit schützen, können sich effektiv gegen Geldmissbrauch wie zum Beispiel eine galoppierende Inflation, willkürliche Beschlagnahmung und Korruption schützen.

Wie funktioniert modernes Geld?

Alle nationalen Währungen, die heute im Umlauf sind, werden *Fiatwährungen* genannt, was lateinisch für «per Dekret» ist. Der Wert dieser Währungen wird durch den Beschluss der Nationalstaaten festgelegt, die sie ausgeben und akzeptieren. Da Regierungen mit geringem Aufwand mehr Fiatwährungen schaffen können, ist es möglich, ad infinitum neue Währungseinheiten zu drucken, wann immer sie wollen.

Alan Greenspan, ehemaliger Vorsitzender der US-Notenbank, sagte einmal, dass die USA «jede Schuld bezahlen können, die sie haben, weil wir immer Geld drucken können, um das zu tun». Diese Praxis kann zu Problemen führen, selbst in den stabilsten Volkswirtschaften der Welt. Die älteste nationale Währung ist das britische Pfund Sterling, das in den letzten 300 Jahren 99,5 % seiner Kaufkraft verloren hat. Der US-Dollar hat allein im letzten Jahrhundert 90 % seiner Kaufkraft verloren. Ein Steak, das 1925 0,36 US-Dollar kostete, stand in den 1990er-Jahren bei 3 US-Dollar und kostet heute 12 US-Dollar. Und das sind die stabilsten Fiatwährungen, die es je gab. Die durchschnittliche Fiatwährung hat eine Lebensdauer von nur 27 Jahren.

Niedrige und stabile Inflation ist das Ziel moderner Zentralbanken, und je nach Land gab es wechselnde Perioden des Erfolgs. Allerdings leiden die meisten Währungen langfristig unter einer hohen Inflation, was für die Ersparnisse verheerend sein kann. Dies gilt vor allem für diejenigen, die sich keine Sachwerte wie Immobilien oder Qualitätsaktien leisten können, deren Werte mit der Inflation steigen. Hohe Inflation kann es für alle mit Ausnahme der Wohlhabenden schwierig machen, für die Zukunft zu sparen.

Für Milliarden von Menschen, die unter autoritären Regimen leben, sinkt der Wert ihrer Ersparnisse durch die Entscheidungen nicht gewählter Regierungsvertreter. Nur die Elite ist in der Regel in der Lage, auf US-Dollar, Gold oder Immobilien zuzugreifen, um den Wert zu erhalten. Währenddessen genießen die Bürger in wohlhabenden Demokratien einige wichtige Schutzmaßnahmen. Sie haben einfachen Zugang zu einer relativ stabilen Währung wie dem US-Dollar oder Euro. Ihre Volkswirtschaften neigen dazu, sich gut zu entwickeln, so dass es wahrscheinlicher ist, dass sie einen Job haben, der langfristig gut bezahlt wird. Sie haben auch Zugang zu einer Reihe von Investitionsprodukten, um die Inflation auszugleichen oder zu schlagen.

Der Effekt, dass die Elite überproportional von neu gedrucktem Geld profitiert, ist so weit verbreitet, dass es einen Begriff dafür gibt: der Cantillon-Effekt. Er ist benannt nach Richard Cantillon, einem Ökonomen aus dem 18. Jahrhundert, der diesen Effekt bemerkte, als er als Banker in Großbritannien arbeitete. Eine starke oder massive Inflation führt zu einer ungerechte Art der Verteilung von Wohlstand, da es unweigerlich denen zukommt, die zuerst das neu gedruckte Geld erhalten, und auf Kosten deren, die das inflationäre Geld später bekommen. Während die Auswirkungen für den Durchschnittsbürger in den Vereinigten Staaten, Großbritannien (oder Deutschland, Anm. d. Red.) nicht offensichtlich sein mögen, sind sie für Milliarden von Bürgern in Ländern mit weniger stabilen Volkswirtschaften schmerzhaft spürbar.

Fiatgeldsysteme haben auch die lang anhaltenden Kriege der Neuzeit ermöglicht. Regierungen können mehr Geld für Kriege drucken und die Kosten über die Inflation auf zukünftige Generationen umlegen. Das bedeutet längere und teurere Kriege. Der Erste Weltkrieg ist ein tragisches Beispiel, da die Hauptakteure die späteren Phasen der Kriege mit Inflation finanzierten. Sowohl Russland als auch Deutschland setzten den *Goldstandard* aus. Wo noch zuvor ihre Fiatwährungen in eine feste Menge Gold konvertierbar waren, erzeugten sie danach weiteres Geld ohne Deckung, um weiterzukämpfen.

Das Ergebnis war, dass der Krieg viel länger dauerte, als man es für möglich gehalten hätte. Als Deutschland verlor, war die einzige Möglichkeit, die enormen Reparationen zu bezahlen, noch mehr Geld zu drucken. Bis 1923 wurde die Deutsche Mark auf ein Billionstel ihres Vorkriegswertes abgewertet, was die Bühne für den Zweiten Weltkrieg bereitete.

Ähnliche verschwenderische Ausgaben sind auch in jüngster Zeit zu beobachten. Unabhängig davon, was man über das militärische Engagement der USA in Afghanistan und im Irak denken mag, belaufen sich die Kosten dieser Invasionen auf über 5,9 Billionen US-Dollar. Das sind mehr als 46.000 US-Dollar pro Haushalt, wenn der amerikanische Steuerzahler gebeten worden wäre, den Krieg direkt zu finanzieren.

Ein weiteres Problem des modernen Geldsystems ist, dass es extrem schwierig sein kann, Geld zwischen verschiedenen Nationen auf der Welt zu bewegen. Regierungen in Ländern wie China, Russland, Argentinien und Indonesien haben aggressiv eingeschränkt, wie viel Geld ihre Bürger tauschen, transferieren oder ins Ausland bringen dürfen.

Dies geschieht vor allem dadurch, dass sie die Fähigkeit jedes Einzelnen kontrollieren, seine lokale Währung in ausländische Währungen wie den US-Dollar zu tauschen. Der durchschnittliche chinesische Staatsbürger darf zum Beispiel nur bis zu 50.000 US-Dollar seines Renminbis pro Jahr umtauschen.

In anderen Teilen der Welt kann sogar die Möglichkeit, auf das eigene Geld vor Ort zuzugreifen, stark eingeschränkt sein. Nach der Finanzkrise 2015 durften griechische Bürger nicht mehr als 60 Euro pro Tag von ihren Bankkonten abheben - eine deutliche Erinnerung daran, dass sie keine Kontrolle über ihr Geld haben.

Auch wenn Menschen Geld ins Ausland schicken können, ist das umständlich und kostspielig. Im Jahr 2018 haben Arbeitsmigranten und Flüchtlinge fast 700 Milliarden US-Dollar in

Form von Überweisungen über die Grenzen geschickt, um ihre Angehörigen zu unterstützen. Wechselkurse und Zölle haben 45 Milliarden US-Dollar dieses Geldes verschlungen, eine gewaltige Summe für diejenigen, die kaum Geld zur Verfügung haben.

Ein globaler Single Point of Failure

Alle Zentralbanken stellen einen Single Point of Failure für ihre nationalen Volkswirtschaften dar. Die US-Notenbank fungiert in gewisser Weise als Zentralbank für alle Banken der Welt. Für die Amerikaner scheint dieses Arrangement sehr gut zu funktionieren. Der US-Dollar wird überall akzeptiert, und es ist für die meisten Menschen einfach, ein Bankkonto zu eröffnen, einen Kreditrahmen zu bekommen und für Waren und Dienstleistungen zu bezahlen. Die meisten Amerikaner leiden nicht merklich unter der Inflation.

Die dynamische US-Wirtschaft trägt dazu bei, das heutige globale Wirtschaftssystem zu stützen und anzutreiben. Das Herzstück ist der *Dollarstandard*, eine globale Währungshegemonie, die mit einem wenig bekannten Ereignis in einem Hotel in New Hampshire im Jahr 1944 begann, dem Abkommen von Bretton Woods.

Die Weltmächte veranstalteten ein Treffen in Bretton Woods, um eine vereinheitlichende Währungsordnung zu schaffen, als sich der Zweite Weltkrieg dem Ende neigte. Drei Wochen lang debattierten und verhandelten mehr als 700 Delegierte aus 44 Ländern über die Struktur des zukünftigen Finanzsystems. Einige Delegierte schlugen die Schaffung einer neuen internationalen Reservewährung namens Bancor vor. Am Ende einigten sich die Delegierten darauf, dass ihre Währungen an den US-Dollar gekoppelt werden sollten. Infolgedessen wird der internationale Handel heute hauptsächlich in US-Dollar abgewickelt, und jedes Land versucht, eine Reserve an US-Dollar zu halten.

Der zentrale Charakter des US-Dollars für das globale Wirtschaftssystem zeigt sich in der Art und Weise, wie sich Geld zwischen den Ländern bewegt. Man nehme zum Beispiel das Senden von Geld von Südkorea auf die Philippinen. Normalerweise ist es nicht möglich, koreanische Won direkt in philippinische Pesos umzutauschen, weil die beiden Länder nicht genug von der Währung des jeweils anderen Landes vorrätig haben. Stattdessen verlassen sie sich auf den US-Dollar und eine Reihe von Transaktionen. Zuerst wird der koreanische Won in Seoul gegen US-Dollar verkauft. Diese US-Dollar werden von einer südkoreanischen Bank über eine US-Bank an eine philippinische Bank überwiesen. Schließlich wandelt die Bank in Manila die US-Dollars in philippinische Pesos um. Dies dauert mindestens ein paar Tage und es fallen Devisen- und Transaktionsgebühren an, die von ein paar Prozent für beliebte Routen bis zu niedrigen 2-stelligen Beträgen für weniger beliebte Routen reichen können. Die globalen Durchschnittskosten für diese Art von grenzüberschreitenden Zahlungen liegen bei über 7 %, mit einem fixen Kostenanteil selbst für kleine Überweisungen.

Während die Welt in vielerlei Hinsicht vom Dollarstandard profitiert hat, hat er auch zu einer Fragilität geführt, bei der jede Wirtschaft in irgendeiner Weise vom US-Dollar abhängt und anfällig für dessen Zusammenbruch ist. Dies führt zu einem System, in dem eine Handvoll Bankenpleiten in den USA zu einer globalen Wirtschaftskatastrophe führen können.

Das Ende der finanziellen Privatsphäre

Die Digitalisierung des Geldes in den letzten zwei Jahrzehnten hat zu einem immer geringeren Maß an persönlicher Privatsphäre geführt, wobei nun jede Transaktion für politische Kontrolle und kommerzielles Potenzial ausgenutzt werden könnte. Elektronisches Geld gibt es schon lange, aber erst seit kurzem ist die Big-Data-Analyse möglich, die notwendig ist, um eine effektive Massenüberwachung durchzuführen. Weder Online- noch physische Einkäufe sind sicher, da Regierungen und Werbetreibende zunehmend Profile der Vorlieben, Entscheidungen und Verbindungen jedes Einzelnen anzapfen. Diese Profile sind wie Daten-Fußabdrücke einzigartig für jede Person und werden mit jedem neuen Kauf verfeinert und leicht identifizierbar. Dies hat zu einer Welt geführt, in der eine Google-Suche nach einem Produkt Minuten später zu Facebook- und Instagram-Werbung für dasselbe Produkt führen kann.

Je nach Standort können die persönlichen digitalen Fußabdrücke gefährliche Auswirkungen haben. Im Sommer 2019 schlossen sich Studenten in Hongkong zu Zehntausenden zusammen, um gegen ein neu vorgeschlagenes Gesetz zu protestieren, das es der chinesischen Regierung erlauben würde, jeden ohne ordentliches Verfahren an Peking auszuliefern. Sie wussten, dass ihre Standorte verraten würden, wenn sie ihre mit dem Studentenausweis verknüpften *Octopus-Karten* für die Navigation im U-Bahn-System nutzen würden, also nutzten sie stattdessen Bargeld, um Tickets zur einmaligen Nutzung zu kaufen. Das ist eine sichere Option für den Moment, aber Papier- und Metallgeld werden in den nächsten zehn Jahren in den meisten großen Städten abgeschafft werden. Dann wird es keine Möglichkeit mehr geben, öffentliche Verkehrsmittel zu benutzen, ohne den Behörden und Unternehmen seinen persönlichen Standort zu verraten. Digitale Fußabdrücke werden überall sein.

Die öffentliche Reaktion auf das Tracking des Konsumverhaltens der Bürger durch Unternehmen und Regierungen ist unterschiedlich. Einige finden es einfach nur beunruhigend, andere beklagen es als eine große Verletzung der Privatsphäre, während es den meisten tatsächlich völlig egal zu sein scheint. So oder so ist es eine Tatsache, dass die Behörden nicht nur die

Geldmenge kontrollieren und wissen, wohin das Geld geschickt werden kann, sondern auch praktisch alles über Käufer und Verkäufer in Erfahrung bringen können. Die zunehmend digitalen Zahlungssysteme der Welt könnten das Aussterben der individuellen Privatsphäre einläuten.

Gibt es einen anderen Weg?

Vier globale Phänomene – die Entwertung des Privatvermögens, die Einschränkung des Wertetransfers, die finanzielle Zentralisierung und der Verlust der Privatsphäre – stellen große Risiken für den Einzelnen dar, wenn er sich im Geldsystem des 21. Jahrhunderts bewegt. Menschen auf der ganzen Welt spüren den Druck, während die Länder darum kämpfen, den Status quo zu erhalten.

Was wäre, wenn ein neues System entstehen würde, in dem Regierungen nicht die Möglichkeit hätten, Geld willkürlich zu entwerten, und gesichtslose Unternehmen nicht die Gelder der Nutzer einfrieren oder sich weigern könnten, Transaktionen zu verarbeiten? Was wäre, wenn Geld komplett digital wäre und von jedem mit Internetzugang von jedem Ort der Welt aus genutzt werden könnte, ohne dass man die Obrigkeit um Erlaubnis fragen müsste?

Im Zuge der Finanzkrise 2008 entschied sich jemand dazu, genau so ein System zu bauen und damit die Bühne für die nächste große Finanzrevolution zu bereiten.

Was stimmt mit dem heutigen Geld nicht?

KAPITEL 2

Was ist Bitcoin?

Am 15. September 2008 meldete die renommierte Investmentbank Lehman Brothers den größten Bankrott der US-Geschichte an. Der Zusammenbruch der 1850 gegründeten Lehman Brothers war der Höhepunkt einer globalen Verschuldungsorgie. Das Unternehmen hatte weit mehr als den Gesamtwert der Firma auf hypothekenbesicherte Wertpapiere verwettet, darunter viele riskante Subprime-Kredite. Als die Hausbesitzer ihre Hypothekenzahlungen einstellten, wurde die Firma insolvent und konnte sich nicht mehr von den Folgen erholen.

Plötzlich war das Vertrauen, das die Banken in Lehman Brothers sowie ineinander gesetzt hatten, verschwunden. Inmitten dieser Kreditkrise war es für Unternehmen schwierig, Kredite aufzunehmen, um ihre Aktivitäten zu finanzieren. Ohne Geld, um Inventar zu kaufen, in neue Ausrüstung zu investieren oder Mitarbeiter zu bezahlen, sah es in vielen Branchen so aus, als ob sie nicht in der Lage wären, ihren Betrieb weiterzuführen. Eine bösartige Abwärtsspirale schien unmittelbar bevorzustehen.

Das US-Finanzministerium und die Federal Reserve handelten schnell, um den wirtschaftlichen Untergang abzuwenden, indem sie den Banken Geld liehen, um das Finanzsystem über Wasser zu halten. Am 3. Oktober 2008 rettete der Kongress mehrere angeschlagene Banken mit dem Emergency Economic Stabilization Act. Die Regierung gab Hunderte von Milliarden US-Dollar aus, um den kollabierenden Finanzsektor zu stützen.

Vorhang auf für Bitcoin

Am 31. Oktober 2008, ein paar Wochen nachdem die US-Regierung 700 Milliarden US-Dollar zur Rettung der Banken bewilligt hatte, veröffentlichte eine unbekannte Person oder Gruppe von Personen, die sich Satoshi Nakamoto nannte, ein technisches *Whitepaper*, das ein neues elektronisches Zahlungssystem namens Bitcoin skizzierte. Satoshi präsentierte das Whitepaper einer Internet-Mailingliste von Kryptographie-Forschern, den Cypherpunks – einer Gruppe von Datenschutzaktivisten, die Anwendungen entwickeln, um Überwachung und den Missbrauch staatlicher Macht zu bekämpfen.

Das Whitepaper hatte zwei signifikante Besonderheiten. Erstens hat der Autor ein Pseudonym verwendet. Satoshis Identität bleibt bis heute ein Rätsel von allgemeinem Interesse. Zweitens stellte das Papier etwas vor, das es bis dahin noch nie gegeben hatte: digitales Geld, das nicht von einer zentralen Autorität abhängig war. Nur wenige hielten einen Durchbruch dieser Art überhaupt für möglich.

Ein paar Monate später startete Satoshi das Bitcoin-Netzwerk und hinterließ einen Hinweis auf das Warum in einer einzigen Textzeile, eingebettet in den ersten Eintrag des Bitcoin-Kassenbuches (Ledger):

The Times 03/Jan/2009 Chancellor on brink of second bailout for banks

zu deutsch: The Times 03/Jan/2009 Kanzler steht vor zweitem Bailout der Banken

Dies bezog sich auf eine Schlagzeile, die am 3. Januar 2009 in der *Times*, einer prominenten britischen Zeitung, erschien. Satoshis Botschaft an die Welt war, dass das aktuelle System, in dem die Banken auf Kosten der Menschen gerettet werden, kaputt ist. Bitcoins neue dezentralisierte Finanztechnologie wurde als Ausweg entwickelt.

Um die wissenschaftliche Innovation hinter Bitcoin zu verstehen, ist es zunächst wichtig, den Begriff der Knappheit zu verstehen.

Die zwei Arten der Knappheit

Im materiellen Umfeld gibt es zwei Formen der Knappheit. Die erste ist von Menschen gemacht und in diesem Sinne künstlich: Sammlerstücke wie Chanel-Handtaschen in einer Limited Edition, Michael-Jordan-Basketballsammelkarten, seltene Jahrgänge von Wein oder nummerierte Kunstwerke von einem bestimmten Künstler. Dies wird auch als *zentralisierte* Knappheit bezeichnet. Beachte, dass diese Gegenstände das Problem der Fälschung mit sich bringen können.

Die zweite Art der Verknappung ist die natürliche. Zu dieser Kategorie gehören Salz (der Ursprung des Wortes Salär), Glasperlen aus Ghana, Muscheln aus der Kultur der amerikanischen Ureinwohner, Silber aus China und natürlich Gold aus aller Welt. Dies sind Beispiele für *dezentrale* Knappheit und sie sind tendenziell schwerer zu fälschen.

Es ist kein Zufall, dass dezentralisierte, knappe Güter wie Salz und Gold als Geld verwendet wurden. Erstens ist es nur fair, einen Rohstoff zu verwenden, den keine einzelne Person oder Gruppe kontrolliert. Zweitens sind diese Rohstoffe viel schwieriger zu fälschen. Und zu guter Letzt hilft die Knappheit dabei, wirtschaftliche Transaktionen einfach durchzuführen, da es nicht nötig ist, unverhältnismäßig große Mengen davon mit sich zu führen, um etwas zu kaufen.

Was die beiden verschiedenen Formen von Knappheit unterscheidet, ist die Kontrolle. Zentralisierte Knappheit wird von einer Firma oder Person geschaffen – sei es die People's

Bank of China, die US-Notenbank, ein Künstler oder ein großer multinationaler Konzern. Diese Entität, oder *zentrale Autorität*, kontrolliert die Knappheit einer Ware vollständig durch das Erschaffen, Ausgeben, Zurückkaufen und Beschlagnahmen.

Dezentralisierte knappe Güter werden von der Natur geschaffen, was bedeutet, dass es keine zentrale Instanz gibt, die das Gut herstellt. Es gibt keine Herstellung, sondern der Prozess ist eher mit dem Sammeln oder Ernten vergleichbar. Um einen natürlich knappen Rohstoff wie Gold oder Öl abzubauen, holt ein Minenbetreiber das, was bereits vorhanden ist, aus dem Boden.

Im Falle von Gold ist für dessen Anhäufung historisch gesehen keine Erlaubnis von irgendjemandem außer dem Besitzer der Minenstätte erforderlich. Mit anderen Worten: Es gibt kein Zentrum, von dem aus alles Gold sein Dasein beginnt, und keine globale Autorität, die befugt ist, den Abbau einzuschränken oder das Angebot zu erhöhen.

Dies ist der Hauptunterschied zwischen zentralisierten und dezentralisierten, in ihrer Menge limitierten (knappen), Gütern, insbesondere solchen, die als Geld verwendet werden.

Warum Dezentralisierung eine gute Sache für Geld sein kann

Wie bereits erwähnt, ist eine der unausweichlichen Eigenschaften von zentralisiertem Geld, dass der Schöpfer das Angebot willkürlich ausweiten kann, indem er aus einer Laune heraus mehr Geld druckt. Obwohl dies in autoritären Regimen viel häufiger und in einem viel größeren Ausmaß geschieht als in Demokratien, ist es etwas, das in allen Gesellschaften vorkommt.

Im Film *Bugsy* verkauft die Titelfigur immer und immer wieder Papieraktien des Pink Flamingo Casinos an Investoren. An jede Person verkauft er 20 % des Casinos für 10.000 US-Dollar. Er tut dies mit mehr als einem Dutzend Investoren, wobei er ihnen vorgaukelt, wie viel sie vom Casino gekauft haben. Jeder Investor nimmt an, dass er oder sie nun 20 % des Casinos besitzt, aber in Wirklichkeit besitzt er viel weniger. Bugsy profitiert jedoch, da er viel mehr Geld bekommt.

Jedes zentralisierte Gut steht vor dem gleichen Problem der Anreize. Wenn eine zentrale Autorität mehr von dem Gut erschaffen kann, wird der Wert eben dieses Gutes für alle anderen Besitzer verwässert. Zentralbanken, die mehr Geld drucken, tun dies normalerweise mit positiven Zielen wie dem Aufbau von Infrastruktur, der Unterstützung von Sozial-programmen oder der Stabilisierung einer Wirtschaftskrise. Erinnere dich jedoch an den Cantillon-Effekt aus Kapitel eins: Selbst ein vernünftiger Gebrauch dieser Macht kann zu Vorteilen für die Reichen und Mächtigen auf Kosten der Armen und Machtlosen führen. Die Fähigkeit, Geld zu drucken, schafft ein moralisches Risiko.

Natürlich kann die Verwässerung auch bei nicht zentral erzeugbaren Gütern passieren. Neue Technologien können das Sammeln eines seltenen, natürlich vorkommenden Rohstoffs billiger machen und als Ergebnis kann der Markt mit neuem Angebot überflutet werden. Sobald ein als Geld gehandeltes Gut seine Seltenheit verliert, wird es viel instabiler und weniger wertvoll. Das ist der Grund, warum Salz, Muscheln und Glas-perlen nicht mehr als Geld verwendet werden. Alle waren früher schwer in großem Umfang zu bekommen, aber ihre Beschaffung ist jetzt aufgrund technologischer Innovationen extrem einfach und billig.

Gold ist eine der wenigen Ausnahmen und hält seinen Wert auch nach Tausenden von Jahren des Abbaus noch erstaunlich gut. Während Gold einige industrielle und dekorative Verwen-dungen hat, hat seine historische Schwierigkeit beim Abbau zu einem relativ soliden Geld geführt, dessen stabile Kaufkraft es zu einem sehr guten Wertaufbewahrungsmittel gemacht hat. Auch heute noch wird Goldschmuck in einigen Ländern als Absicherung gegen Wirtschaftskrisen verwendet. Der primäre Nachteil von Gold ist seine Physikalität und sein Gewicht, da Lagerung, Sicherheit und Transfer eine Herausforderung sein können.

Viele Befürworter von Bitcoin glauben, dass diese Kryptowährung irgendwann Gold als bevorzugtes Wertaufbewahrungsmittel für langfristige Ersparnisse ersetzen könnte. Wie dieses Kapitel zeigen wird, ist Bitcoin dezentralisiert und knapper als Gold, aber auch viel einfacher zu transportieren und sicher zu lagern.

Dezentrale digitale Knappheit

Mit dem Aufkommen des Internets konnten Informationen endlich digitalisiert und auf breiter Ebene verteilt werden. Das Kopieren einer digitalen Datei ist viel einfacher und billiger als etwas in der physischen Welt zu replizieren.

Die Digitalisierung des Geldes war eine notwendige Neuerung für den E-Commerce, da sie die Notwendigkeit einer physischen Überweisung beseitigte. Alles kann mit der Geschwindigkeit von E-Mails oder dem Laden einer Website verschickt werden, was die Reibung reduziert und einen wirklich globalen Handel ermöglicht. Digitale Versionen des Fiatgeldes werden von Banken geschaffen und dann von Kreditkartennetzwerken (Visa, MasterCard), Einzelhandelsunternehmen (Alibaba, Amazon, Apple) und sogar internetbasierten Zahlungsabwicklern (WeChat, PayPal, Square) verarbeitet.

Da sie die alleinigen Schiedsrichter darüber sind, wie ihr Geld verwendet wird, können all diese Unternehmen Transaktionen zensieren. Sie können Geld beschlagnahmen und Konten schließen – und das oft ohne die Zustimmung der

Kunden. Da es sich um zentralisierte Strukturen handelt, sind diese Unternehmen außerdem oft das Ziel von staatlichem Druck oder sogar von Hackerangriffen, die zum Verlust von Kundengeldern oder Daten führen können. Vor Bitcoin war dies der unvermeidliche Kompromiss für digitales Geld: Es musste künstlich verknappt oder von zentralen Behörden kontrolliert werden. Es schien keinen Weg zu geben, Knappheit in der digitalen Welt zu schaffen.

Satoshi Nakamoto enthüllte am 31. Oktober 2008 einen Durchbruch, indem er Bitcoin als eine neue digitale Währung vorstellte, deren Knappheit auf der Tatsache beruht, dass es in der digitalen Welt seltene Dinge gibt: selten vorkommende Zahlen.

Einige der seltensten Zahlen sind Primzahlen. Eine Primzahl, wie 2, 3 oder 5, kann nur durch 1 und sich selbst geteilt werden.

Primzahlen kommen immer seltener vor, je größer die Zahlen ausfallen. Zum Beispiel gibt es zwischen 1 und 100 genau 25 Primzahlen. Man könnte dann erwarten, dass es zwischen 1 und 1.000 entsprechend 250 Primzahlen gibt, aber es sind nur 168. Primzahlen kommen nach 100 Milliarden so selten vor, dass weiterhin eine globale mathematische Suche nach der größten Primzahl im Gange ist.

Im Bitcoin-Netzwerk erfolgt die Produktion neuer Bitcoins durch einen globalen Wettbewerb, bei dem die Teilnehmer nach einer selten vorkommenden Zahlenfolge, ähnlich wie Primzahlen, suchen. Dies ermöglicht eine dezentrale Knappheit in der digitalen Welt. Das ist es, was Satoshis Erfindung so tiefgreifend macht. Jeder Vermögenswert vor Bitcoin war entweder total zentralisiert (World of Warcraft Gold), physisch (Silber) oder unbegrenzt vorhanden (MP3s). Ein dezentraler, digitaler und knapper Vermögenswert hat vor Bitcoin einfach nicht existiert.

Bitcoin Mining: Dezentrale Zahlungsabwicklung

Bitcoins dezentraler Charakter basiert auf der Tatsache, dass es ein knapper natürlicher Rohstoff wie Gold ist und sich nur mit Einsatz von Arbeit schürfen, also minen, lässt. Ähnlich wie beim Goldschürfen ist das Bitcoin-Mining die Suche nach etwas sehr Seltenem inmitten des Gewöhnlichen. Sobald ein Bitcoin-Miner die richtige Zahlenfolge gefunden hat, kann sie günstig und einfach von anderen verifiziert und genau wie Gold relativ leicht von Narrengold unterschieden werden.

Anstatt mit Spitzhacken und Grabungsmaschinen nach Gold zu suchen, verwenden Bitcoin-Miner leistungsstarke Computer, um nach bestimmten seltenen Zahlen zu suchen. Einmal gefunden, wird jede seltene Zahl als *Proof of Work (Arbeitsnachweis)* bezeichnet, weil sie jedem *beweist*, dass viel Arbeit in die Suche nach ihr gesteckt wurde.

Wie bei Gold ist keine Erlaubnis einer zentralen Behörde nötig, um zu schürfen: Jeder kann sich eine Mining-Software herunterladen, um nach seltenen Zahlen zu suchen, die die Kriterien erfüllen.

Anders als beim Goldabbau ist keine besondere Art von Land erforderlich, nur eine Computerausrüstung und kostengünstige Stromquelle. Infolgedessen suchen Miner auf der ganzen Welt unabhängig voneinander in einem Wettbewerb nach einem Proof of Work, der die vom Bitcoin-Netzwerk geforderten Kriterien erfüllt.

So läuft Bitcoin ohne einen zentralen Ausfallpunkt. Vergleiche dies mit zentralisierten Systemen. Wenn das Visa-Netzwerk ausfällt, kann niemand mehr mit seiner Visa-Karte bezahlen. Das Gleiche würde mit PayPal oder Amazon passieren, wenn ihre jeweiligen Netzwerke ausfallen würden. Anders als diese Unternehmen hat Bitcoin keine zentrale Autorität oder

einen Single Point of Failure. Niemand kann entscheiden,
eine bestimmte Transaktion zu zensieren. Bitcoins unaufhalt-
sames Netzwerk von Minern bietet einen kritischen Service
und verarbeitet Transaktionen ohne die Schwachstellen einer
zentralen Autorität.

Wie Bitcoin-Transaktionen funktionieren

Wie funktionieren also Bitcoin-Transaktionen?

Um das zu verstehen, betrachte etwas, das wahrscheinlich
vertrauter ist: das Buchführungssystem einer Bank. Nachdem
jemand eine Überweisung getätigt hat, um für eine Ware oder
Dienstleistung zu bezahlen, erhält der Empfänger das Geld. Angenommen, beide Kunden haben ein Konto bei dieser Bank, dann
muss die Bank nur das Konto des Absenders belasten und den
Betrag dem Konto des Empfängers gutschreiben. Der ganze Prozess
erfordert nur zwei Einträge im Kassenbuch der Bank. Bankange-
stellte gehen nicht in einen Tresor, nehmen den exakten Betrag aus
dem Vorrat an Münzen und Scheinen des Senders und legen ihn
dann in den Vorrat an Münzen und Scheinen des Empfängers. Die
Buchhaltung mit einem Kassenbuch war eine wichtige historische
Erfindung, die den Geldtransfer viel weniger mühsam machte. Das
Äquivalent einer Überweisung in Bitcoin ist eine *Transaktion*.

Bitcoin betreibt eine spezielle Art von Kassenbuch, genannt
Blockchain. Anstelle einer zentralen Autorität überprüfen Tausende
von Menschen, die Bitcoin-Validierungssoftware ausführen, die
Blockchain kontinuierlich. Jede Person, die die Software ausführt,
behält eine Kopie des gesamten Ledgers und verifiziert die neuen
Einträge. Dies wird *Fullnode* genannt. Jeder Fullnode prüft ständig,
um die gleichen Regeln von Bitcoin durchzusetzen, und auf
diese Weise kann keine zentrale Autorität willkürlich die Einträge
bearbeiten, um Bitcoins zu stehlen oder Bitcoins auszugeben,
die sie nicht hat. Die Bitcoin-Blockchain ist als *öffentliche Block-*

chain bekannt, weil jeder die Aufzeichnungen der Transaktionen einsehen kann.

Bitcoin-Besitzer führen Transaktionen auf die gleiche Weise durch, wie sie einen Scheck ausstellen würden. Sie geben den Betrag an und unterschreiben dann den Scheck. Aber anstatt ihre Namen auf ein leicht zu fälschendes Stück Papier zu kritzeln, unterschreiben Bitcoin-Besitzer ihre Transaktionen mit einer *digitalen Signatur*, die Kryptographie verwendet.

Diese digitale Signatur wird mit einem Geheimnis erstellt, das nur dem Besitzer der Bitcoins bekannt ist. Dieses Geheimnis wird als privater Schlüssel bezeichnet. Mit dem privaten Schlüssel kann der Absender eine digitale Signatur erstellen, die dem Empfänger beweist, dass der Absender Eigentümer der Bitcoins ist.

Nutzer speichern ihre Bitcoins in einer *Wallet*, einer Software, die auf einem Computer, einem Telefon oder einer speziellen Hardware läuft. Jede Sekunde werden neue Bitcoin-Transaktionen von Wallets auf der ganzen Welt initiiert, aber es gibt keinen zentralen Zahlungsprozessor. Stattdessen konkurrieren Miner aus der ganzen Welt darum, Transaktionen in das Register einzutragen. Sie lassen ihre Rechner laufen und versuchen, eine bestimmte seltene Zahl zu finden. Alle zehn Minuten etwa findet ein Bitcoin-Miner irgendwo auf der Welt einen Proof of Work und kombiniert ihn zu einem Block mit einer Gruppe von Transaktionen, die darauf gewartet haben, verarbeitet zu werden. Der Miner sendet diesen Block dann an das Bitcoin-Netzwerk zur Validierung.

Jeder Block ist wie eine neue Seite in Bitcoins globalem Verzeichnis, und Fullnodes im Netzwerk verifizieren, dass die darin enthaltenen Transaktionen gültig sind. Jeder kann einen Fullnode betreiben, so dass Tausende von Nutzern ständig die Gültigkeit eines jeden neuen Blocks verifizieren. Wenn das Netzwerk bestätigt, dass der von einem Miner vorgeschlagene Block gültig ist, erhält der Miner eine Belohnung von 6,25 (Anm. d. Red.: Update auf aktuellste Daten) neuen Bitcoins, und der Block und alle darin enthaltenen Transaktionen werden zu einem dauerhaften Teil der Bitcoin-Historie. Zu diesem Zeitpunkt dauert eine typische Bitcoin-Transaktion weniger als eine Stunde, um in der Blockchain abgeschlossen zu werden.

Die Bitcoin-Blockchain hat ihren Namen von der Tatsache, dass sie die Sammlung aller Blöcke – oder aller Seiten – im historischen Kassenbuch ist. Mit anderen Worten: Die Blockchain ist das gesamte, unveränderliche Register aller Transaktionen im Bitcoin-Netzwerk seit dessen Gründung im Januar 2009.

Es gibt Tausende von Fullnodes, die das Bitcoin-Netzwerk ausmachen. Jeder Fullnode validiert unabhängig die neu vorgeschlagenen Blöcke der Miner. Die recht bescheidenen Hardwareanforderungen bedeuten, dass die meisten modernen Laptops einen Bitcoin Fullnode betreiben können. Da der Betrieb von Fullnodes relativ billig und erschwinglich bleibt, bleibt das Netzwerk dezentralisiert.

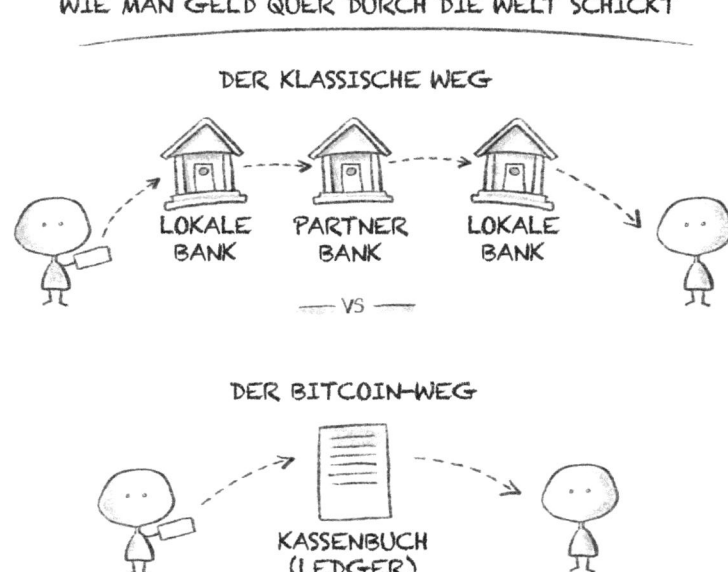

WIE MAN GELD QUER DURCH DIE WELT SCHICKT

DER KLASSISCHE WEG

LOKALE BANK   PARTNER BANK   LOKALE BANK

— VS —

DER BITCOIN-WEG

KASSENBUCH (LEDGER)

Bitcoins Geldpolitik

Anders als das aktuelle System der Zentralbanken, das undurchsichtig ist und sich ständig ändert, ist die Geldpolitik von Bitcoin transparent und in Stein gemeißelt.

Wie werden neue Bitcoins erzeugt? Wie bereits erwähnt, hat ein Miner, der einen gültigen Proof of Work findet und diesen mit einer Gruppe gültiger Transaktionen paart – wodurch ein gültiger neuer Block entsteht –, Anspruch auf die sogenannte Blockprämie. Ursprünglich betrug die Blockprämie 50 Bitcoins und halbiert sich alle vier Jahre, was bedeutet, dass die Prämie zum jetzigen Zeitpunkt 6,25 ist, und im Jahr 2024 genau 3,125 Bitcoins betragen wird, im Jahr 2028 dann 1,5625 Bitcoins und so weiter.

Wenn ein Miner versucht, zu betrügen und eine Belohnung zu fordern, die über der geplanten Blockprämie liegt, wird dieser Block von allen Fullnodes, die den Block verifizieren, abgelehnt. Fullnodes prüfen alle vorgeschlagenen Blöcke und alle, die nicht den Regeln folgen, werden nicht in ihre Blockchains aufgenommen. Dies ist vergleichbar damit, wenn eine Bank einen Scheck ablehnt, der das Konto des Absenders überzieht. Infolgedessen kann niemand gefälschte Bitcoins fabrizieren. Jede betrügerische Transaktion, die versucht, Bitcoins auszugeben, die nicht existieren, und alle Blöcke, die solche Transaktionen enthalten, werden von Fullnodes zurückgewiesen.

Ein ungültiger Block ist kostspielig für die Miner, da er abgelehnt wird und die große Menge an Strom, die sie für den Betrieb ihrer Rechenanlagen ausgegeben haben, um den Proof of Work zu finden, verschwendet wurde. Das macht Betrug sehr teuer und schützt das Bitcoin-Netzwerk. Dennoch, wenn es nur ein paar Fullnodes im Bitcoin-Netzwerk gäbe, könnte ein Miner in der Lage sein, einen betrügerischen Block in die Blockchain zu bekommen, indem er diese wenigen Fullnodes besticht. Da es viele Tausende Fullnodes im Netzwerk gibt und diese geographisch verstreut und einander unbekannt sind, ist eine solche Strategie fast garantiert zum Scheitern verurteilt.

Satoshi hat den Gesamtvorrat aller Bitcoins von Anfang an auf 21 Millionen festgelegt. Heute sind bereits mehr als 85 % aller Bitcoins geschürft worden, was bedeutet, dass mehr als 18 Millionen Bitcoins im Umlauf sind. Der Rest wird als Vergütung für die Miner in immer kleineren Stücken nach einem allgemein bekannten Zeitplan freigegeben.

Blockchain-Technologie: Wir warten immer noch

Viele haben versucht, den Erfolg von Satoshis Erfindung zu replizieren. Eine beliebte Strategie ist es, das Blockchain-Ledger-System von Bitcoin zu nehmen und es auf andere Anwendungsfälle anzuwenden. Seit 2014 haben viele bekannte Unternehmen versucht, eine Blockchain in verschiedenen Industrien zu nutzen und viele Millionen US-Dollar in diese Bemühungen gesteckt. Dies hat eine Menge Hype und Medienaufmerksamkeit um die *Blockchain-Technologie* erzeugt.

Leider sind die meisten dieser Versuche bisher vergleichbar mit der Verwendung eines Gabelstaplers für den Lebensmitteleinkauf. Das Fahrzeug funktioniert in seinem ursprünglichen Kontext (Speicherung des Kassenbuches für dezentralisiertes digitales Geld) perfekt, scheint aber für andere Anwendungen zu langsam, unnötig verschwenderisch oder nicht funktionsfähig zu sein (z. B. Gesundheitswesen auf der Blockchain, Nachverfolgung von Obst auf der Blockchain, Wetterdaten auf die Blockchain legen usw.).

Bitcoin ist eine Kombination aus vier wichtigen Komponenten, von denen die Blockchain nur eine ist. Die erste ist, dass Bitcoin ein knappes digitales Gut ist. Die zweite ist, dass Bitcoin ein Peer-to-Peer-Netzwerk von Fullnodes ist, das nicht abgeschaltet oder zensiert werden kann. Die dritte ist, dass das Mining von Bitcoin das Finden von gültigen Proof-of-Work-Nummern erfordert, was Betrug sehr kostspielig macht. Die vierte ist, dass Bitcoin eine Blockchain hat, die vollständig und öffentlich überprüfbar ist. Diese vier Technologien sind eng miteinander verbunden und wenn ein Teil davon entfernt wird, ist das Ergebnis weit weniger nützlich.

Für einen rein digitalen Vermögenswert wie Bitcoin funktioniert die Blockchain als öffentliche Aufzeichnung. Sowohl die Erstellung als auch jede Übertragung werden perfekt aufgezeichnet und sind unfehlbar. Aber für reale Objekte wie Kaffeebohnen oder Gesundheitsdaten gibt es keine Möglichkeit, zu garantieren, dass die Informationen unfehlbar sind, da es immer die Möglichkeit von Fehlern bei der Dateneingabe aufgrund von Fahrlässigkeit oder sogar Betrug gibt. Es muss also eine zentrale Instanz vorhanden sein, die für alle Informationen bürgt, was die Notwendigkeit einer Blockchain von vornherein überflüssig macht.

Nichtsdestotrotz wurden riesige Geldsummen in die Blockchain-Technologie gesteckt, auf der Suche nach Anwendungsfällen jenseits von dezentralem Geld. Bis jetzt ist es niemandem gelungen, ein großangelegtes Aufzeichnungssystem mit einer Blockchain zu schaffen, das die traditionellen Ansätze signifikant verbessert oder sogar gleichwertig mit ihnen ist.

Was ist mit anderen Kryptowährungen?

Die Leute haben nicht nur versucht, die Bitcoin-Blockchain zu kopieren, sondern auch andere Kryptowährungen zu schaffen, die so genannt werden, weil die Absender dieser neuen digitalen Gelder digitale Signaturen verwenden, um Transaktionen zu unterschreiben – genau wie Bitcoin. Diese oft als Altcoins oder Token bezeichneten Projekte sind nicht dezentralisiert und viele sind regelrechter Betrug. Bitconnect ist ein berühmtes Beispiel für Kryptowährungsbetrug.

Eine Handvoll Kryptowährungen können legitime Anwendungsfälle haben. Dazu gehören Monero (XMR) und Zcash (ZEC), die darauf abzielen, dass Nutzer auf eine privatere Art und Weise als Bitcoin Transaktionen durchführen können, oder Ethereum (ETH), mit dem versucht wird, Blockchain-Anwendungsplattformen zu bauen. Auch große Unternehmen experimentieren mit Kryptowährungen. Facebook hat die Diem-Kryptowährung (ehem. Libra) angekündigt, die das Potenzial hat, aufgrund der Milliarden von Menschen, die Facebooks Dienste nutzen, sehr populär zu werden. Allerdings ist Libra von Natur aus zentralisiert und wird nicht die Zensurresistenz und Knappheit von Bitcoin haben.

Mehrere Gruppen haben versucht, Satoshis Erfolg auf besonders dreiste Weise zu kopieren, und Kryptowährungen geschaffen, deren Namen das Wort Bitcoin enthalten. Aus diesem Grund gibt es oft Verwirrung darüber, welche Kryptowährung tatsächlich Bitcoin ist. Um sie zu unterscheiden, achte auf das Tickersymbol BTC auf Börsen und Wallets. Varianten von Bitcoin sind wie das Narrengold; sie mögen ähnlich aussehen, sind aber viel zentralisierter und haben einen viel niedrigeren Preis. Dazu gehören *Bitcoin Cash* (BCH), *Bitcoin Gold* (BTG) und *Bitcoin Satoshi's Vision* (BSV).

Zusammenfassung

Bitcoin ist ein tiefgreifender technischer Durchbruch, der eine neue Alternative zum bestehenden Finanzsystem bietet.

Bitcoin ist digitales Geld, das weltweit einfach zu transferieren ist, da es in Minuten statt in Tagen abgewickelt wird.

Bitcoin ist ein knappes Gut, das vor der Gefahr einer willkürlichen Inflation schützt.

Bitcoin ist dezentralisiert und verhindert, dass irgendjemand Zahlungen zensieren kann.

Bitcoin ist das einzige dezentralisierte, digital knappe Geld der Welt.

Bitcoin hat das Potenzial, die derzeitige Geldordnung umzukrempeln.

Was ist Bitcoin?

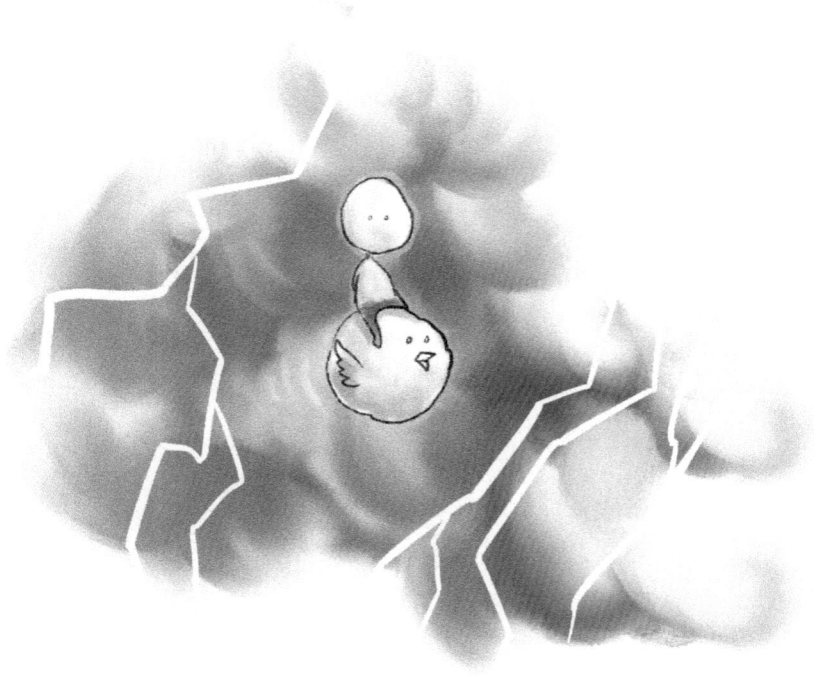

KAPITEL 3
Preis und Volatilität von Bitcoin

Haftungsausschluss: Die Autoren dieses Buches sind keine Investmentexperten. Dieses Kapitel schlägt mögliche Gründe für die Preisbewegung von Bitcoin und die allgemeine Volatilität vor und enthält keine Anlageberatung.

Jeder will es wissen: Warum ist Bitcoin wertvoll? Warum ist der Preis so stark angestiegen? Warum ist er so volatil? Warum ist Bitcoin überhaupt etwas wert, wenn Bitcoin, anders als der US-Dollar, nicht von einer Wirtschaft oder, noch zynischer, von der Androhung von Geld- und Gefängnisstrafen getragen wird?

Der Preis eines Vermögenswertes bewegt sich, wenn es ein Ungleichgewicht zwischen Käufern und Verkäufern gibt. Bei Bitcoin werden diese Ungleichgewichte von einigen Faktoren angetrieben, die sich auf lange, mittelfristige und kurzfristige Sicht unterscheiden.

Die Langzeitperspektive

In den letzten zwölf Jahren ist der Preis von Bitcoin von einem Bruchteil eines Cents auf einen Höchststand von fast 67.000 US-Dollar gestiegen. Der Preis liegt bei der Erstellung dieser Ausgabe bei etwa 63.000 US-Dollar. (Anm. d. Red.: Update auf aktuellste Daten).

Der Bitcoin-Preis von der Entstehung bis heute (logarithmische Skala)

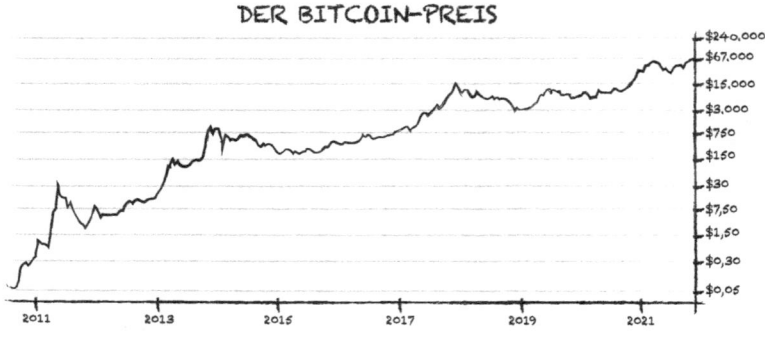

Bitcoin ist äußerst limitiert. Die Menge ist auf 21 Millionen Coins festgelegt, wie in Kapitel zwei erklärt.

Der festgelegte Bestand und der transparente Zeitplan für die Ausgabe von Bitcoin ist für Käufer attraktiv, weil die Alternative – billig gedrucktes Papiergeld – allgemein der Verwässerung und damit der Inflation unterliegt, was zur Folge hat, dass man mit dem gleichen Geldbetrag jedes Jahr weniger kaufen kann. Langfristig ist es wahrscheinlich, dass mehr Menschen Bitcoin attraktiv finden werden, weil Regierungen nicht mehr davon drucken oder Transaktionen zensieren können und weil er schwer zu konfiszieren ist.

Der Gesamtwert aller geschürften Bitcoins beträgt immer noch nur etwa 900 Milliarden US-Dollar. Im Gegensatz dazu wird der Wert des gesamten geförderten Goldes auf etwa neun Billionen US-Dollar geschätzt. Mit nur 5 % des Wertes von Gold ist der Bitcoin-Markt klein und reagiert daher empfindlicher auf Preisschwankungen. Auch das täglich gehandelte Volumen ist relativ klein: etwa zehn Milliarden US-Dollar pro Tag im Vergleich zu 300 Milliarden US-Dollar pro Tag bei Gold. Da es weniger Liquidität gibt, also die Menge, die in einem bestimmten Zeitraum leicht gekauft oder verkauft werden kann, können selbst viele kleine Käufer oder Verkäufer einen großen Einfluss auf den Preis haben. Wenn die Akzeptanz von

Bitcoin zunimmt und Bitcoin als globale Anlageklasse wächst, wird seine Volatilität abnehmen. Dies könnte mehrere Jahrzehnte dauern.

Die Mittelfristperspektive

Betrachtet man Bitcoin im Zeitrahmen von Monaten und Jahren, so sind die größten Treiber für Preisänderungen die Mining-Kosten, die Nachfrage von großen institutionellen Käufern und Halving-Ereignisse.

Mining verursacht Kosten: Ausrüstung, Rechenzentrumsbetrieb, Strom. Diese Kosten müssen mit Fiatwährung bezahlt werden. Daher verkaufen die meisten Miner regelmäßig einige oder alle Bitcoins, die sie schürfen, um die Betriebskosten zu bezahlen, die sich um 2019 herum auf etwa 250-300 Millionen US-Dollar pro Monat oder 40-50 % des Wertes der monatlich geschürften Bitcoins beliefen.

Die Nachfrage nach Bitcoin in dieser Größenordnung kommt typischerweise von institutionellen Käufern, wohlhabenden Einzelpersonen, Family Offices und Stiftungen, die ein Engagement in Kryptowährungen wünschen und typischerweise mit Bitcoin beginnen.

Ein weiterer wichtiger Faktor, der den Preis mittelfristig beeinflusst, ist die Halbierung, das sogenannte *Halving*. Wie in Kapitel zwei beschrieben, reduziert sich die Mining-Belohnung einmal alle vier Jahre um die Hälfte. Bitcoin hatte bisher drei Halvings, in den Jahren 2012, 2016 und 2020. Alle Halvings erzeugten eine Versorgungslücke, die die Volatilität in die Höhe trieb.

Eskalierende Bitcoin-Preise ziehen tendenziell mehr Spekulanten an, von Kleinanlegern, die Bitcoins im Wert von nur 100 US-Dollar kaufen wollen, bis hin zu institutionellen Anlegern, die Bitcoins im Wert von Millionen von US-Dollar kaufen. Dies wiederum treibt den Bitcoin-Preis in die Höhe, da die Aufmerksamkeit der Medien und die Angst, etwas zu verpassen, das Interesse weiter anheizen. Diese Dynamik hat große Preisblasen geschaffen, die in Preisabstürzen von 80 % oder mehr endeten. Es ist durchaus möglich, dass sich diese Preiszyklen um zukünftige Halbierungen fortsetzen werden.

Die Kurzzeitperspektive

Keine zentrale Autorität zu haben, hat einen wichtigen Nebeneffekt: Volatilität.

Wo Bitcoin gehandelt wird, bietet entscheidenden Kontext zu den Ursachen der kurzfristigen Volatilität. Es gibt viele Orte, um dies zu tun, wie *Fiat-zu-Krypto-Börsen*, die den Handel von Fiat direkt in Bitcoins erlauben, *Peer-to-Peer-Börsen*, die ein persönliches Treffen erfordern, und *Krypto-zu-Krypto-Börsen*, die nur den Austausch zwischen Kryptowährungen erlauben. Da Trader von der Volatilität profitieren wollen, gibt es *Börsen mit Hebelfunktion,* bei denen der Handel bis zum 100-Fachen des Einzahlungsbetrags möglich ist.

Kryptowährungsbörsen existieren hauptsächlich im Internet. Sie sind daher rund um die Uhr in Betrieb und können Kleinanleger direkt bedienen. Im Gegensatz dazu sind traditionelle Märkte typischerweise in einem großen Finanzzentrum wie London, New York oder Hongkong verankert, nur etwa 7,5 Stunden von Montag bis Freitag für den Live-Handel geöffnet und werden hauptsächlich von Brokern und nicht von Kleinanlegern genutzt.

Da jeder mit einem Computer und einer Internetverbindung Bitcoins senden und empfangen kann, ist es für einen Unternehmer relativ einfach, eine einfache Börse einzurichten. Da Bitcoin nicht als Wertpapier betrachtet wird, unterliegen die Börsen, an denen er gehandelt wird, weniger strengen regulatorischen Standards als traditionelle Märkte. Darüber hinaus können Krypto-zu-Krypto-Börsen freundliche Host-Jurisdiktionen wie Malta, die Seychellen oder die Philippinen wählen, da sie keine Fiatbankkonten benötigen und die Teams aus der Ferne arbeiten können. Eine Einzahlung bei einer Börse bedeutet, dass man dieser Börse vertraut, dass sie das Geld sicher verwahrt. Leider sind viele Börsen schlecht verwaltet. Zu den gut dokumentierten Fällen von Fehlverhalten oder Inkompetenz, die zu Diebstahl im großen Stil führten, gehören Mt.Gox, Bitfinex und Quadriga, die zusammen Zehntausende von Bitcoins (im Wert von Milliarden von US-Dollar) verloren haben.

Warnung an die Leser: Eine Reihe von Börsen wurden gehackt oder haben die Bitcoins ihrer Kunden verloren. Leser sollten Vorsicht walten lassen, wenn sie eine Börse benutzen und nur Bitcoin-Beträge dort liegen lassen, mit deren Verlust sie leben können.

Die Eignung von Bitcoin für das Online-Trading trägt zu seiner kurzfristigen Volatilität bei. Während Zentralbanken normalerweise versuchen, die Volatilität zu minimieren, bevorzugen Trader die Volatilität, weil sie profitabel ist.

Innerhalb von Zeitfenstern von einem Monat bis hinunter zu einer Minute kann die Preisvolatilität von Bitcoin extrem sein. Am 1. Januar 2019 kostete ein Bitcoin 3.500 US-Dollar. Im August 2019 kostete er fast 11.000 US-Dollar. Tägliche Schwankungen von bis zu 20 % sind nicht ungewöhnlich. Das ist erschreckend für Investoren, aber ein Paradies für Spekulanten, die von der Preisbewegung profitieren wollen.

Im Gegensatz zu traditionellen Aktien- oder Anleihenmärkten gibt es bei Bitcoin keine geschäftlichen Fundamentaldaten, die den Preiskonsens bestimmen. Bitcoin hat keine Mitarbeiter, keine Produktperformance und keine Cashflows. Das Fehlen solcher kurzfristigen Leistungsindikatoren bedeutet, dass der Schwerpunkt auf technischen Elementen des Handels liegt, der oft ein Nullsummenspiel ist. Für solche Spekulanten ist der Handel mit Kryptowährungen eine andere

Form des Online-Casinos, bei dem es um kleine Vorteile über lange Zeiträume geht, die sie bequem in ihrem Wohnzimmer und nach ihrem Belieben spielen können.

Wie bei traditionellen Märkten reagiert der Preis von Bitcoin auf wichtige Nachrichten – aber er bewegt sich nicht immer nach oben bei guten Nachrichten oder nach unten bei schlechten Nachrichten. Im Jahr 2013 zum Beispiel griffen Hacker die damals größte Börse Mt.Gox an, und es folgte ein erheblicher Preisverfall. Im Jahr 2018 wurde jedoch Binance, die heute größte Börse, für etwa 40 Millionen US-Dollar gehackt und der Preis von Bitcoin stieg tatsächlich an.

Da Bitcoin immer wertvoller und liquider wird, wird die Volatilität wahrscheinlich abnehmen. Dies ist ähnlich wie die Preisschwankungen bei berühmten Aktien gegenüber weniger bekannten Aktien. Zum Beispiel ist es für einen einzelnen Händler viel schwieriger, den Preis von Apple zu bewegen als den Preis einer Pennystock-Aktie.

Bitcoin ist ein einzigartiges und sehr riskantes Vehikel für Trader. Die Attraktivität von Bitcoin für Trader, kombiniert mit seiner mangelnden Liquidität und der Verfügbarkeit von gehebeltem Handel, führt zu einer erheblichen kurzfristigen Volatilität des Preises.

Zusammenfassung

Seit der Entstehung hat sich der Preis von Bitcoin in Abhängigkeit von seinem festen Angebot und der steigenden Nachfrage nach oben rechts bewegt. Kurzfristig ist der Preis Gegenstand von Spekulationen, Marktmanipulationen und massiven Schwankungen.

Letztendlich sind es das feste Angebot und die dezentrale Natur von Bitcoin, die ihm sowohl seinen Wert als auch seine Volatilität verleihen.

Wenn Bitcoin sich über ein Wertaufbewahrungsmittel hinaus entwickelt und die Größe der digitalen Wirtschaft repräsentiert (so wie Fiatwährungen es heute für physische Ökonomien tun), wird Bitcoin eine anerkannte Zahlungsmethode und eine Recheneinheit werden. An diesem Punkt könnte die Volatilität abnehmen, da Bitcoin auf dem Austausch von Werten und nicht auf spekulativen Aktivitäten basiert. In der Zwischenzeit wird Bitcoin der Laune der Marktkräfte ausgesetzt bleiben, die in den Abschnitten «Mittelfristperspektive» und «Kurzzeitperspektive» in diesem Kapitel beschrieben wurden, und weiterhin dramatisch schwanken.

KAPITEL 4
Warum Bitcoin für die Einhaltung der Menschenrechte wichtig ist

Mit der Erfindung von Bitcoin sind Individuen nun in der Lage, das Ergebnis ihrer harten Arbeit zu konsolidieren und ihr Vermögen als digitale Information zu speichern. Dies hilft, zu verhindern, dass Regierungen oder Unternehmen willkürlich kontrollieren können, wie Bürger ihr Geld sparen oder überweisen. Die menschenrechtlichen Auswirkungen dieser Finanzrevolution sind bereits spürbar und werden sich weltweit weiter verschärfen, insbesondere in Diktaturen, aber auch in liberalen Demokratien.

In Kapitel eins wurden Geschichten von Menschen von Nigeria bis Venezuela vorgestellt, die mit hoher Inflation, finanzieller Überwachung, unzugänglichen Banken und einer kaputten wirtschaftlichen Infrastruktur zu kämpfen haben.

Dies sind keine Einzelschicksale. Nach Angaben der Human Rights Foundation lebt etwa die Hälfte der Weltbevölkerung unter autoritären Verhältnissen. Das sind etwa vier Milliarden Menschen von Kuba bis Weißrussland, von Saudi-Arabien bis Vietnam, die von ihren Regierungen stark unterdrückt werden. Viele von ihnen sind Wirtschaftsflüchtlinge oder politische Gefangene. Diese Menschen genießen keine Rechtsstaatlichkeit oder die Möglichkeit, friedlich auf Reformen zu drängen. Sogar amerikanische und europäische Regierungen unterdrücken ihre Bürger zeitweise finanziell durch immer stärkere Überwachung und Inflation. Rettungsaktionen für Banken, externe militärische Interventionen, verstärkte Grenzsicherung und subventionierte Sozialleistungen sind nur einige der fragwürdigen Aktivitäten, die durch das Drucken von mehr Geld ermöglicht werden.

Wenn Bürger gezwungen werden, zentralisierte Zahlungsplattformen wie Chinas WeChat zu nutzen, die Millionen von Leben überwachen, wenn das Bankkonto einer Menschenrechtsgruppe von einem Diktator eingefroren wird oder wenn Sanktionen gegen ein Land die Menschen für Verbrechen bestrafen, die ihre nicht gewählten Herrscher begangen haben, kann Bitcoin ein Ausweg sein.

Satoshis Erfindung kann den Hunderten von Millionen Menschen ohne Bankkonten oder formale Ausweisdokumente sehr helfen, Geld zu besitzen und zu nutzen. Mit nur einem Telefon und einer Internetverbindung können die verletzlichsten Individuen auf dem Planeten Bitcoin von jedem schnell und günstig empfangen – ohne die Möglichkeit von Zensur oder Beschlagnahmung.

Infolgedessen verändert Bitcoin die Spielregeln für grenzüberschreitende Zahlungen und Überweisungen und hat das Potenzial, viele andere Aspekte der Gesellschaft zu verbessern. Bitcoin schafft einen wirklich globalen Markt für Waren und Dienstleistungen und kann den Weg zu mehr Chancengleichheit ebnen.

Sei deine eigene Bank

In Orten wie Bahrain, Russland und Simbabwe übt die Regierung eine diktatorische Kontrolle über das Bankensystem aus, was zu einem hohen Maß an Veruntreuung und Korruption führt. Bitcoin legt den Grundstein für eine Welt, in der Regime und Konzerne weniger Kontrolle haben und in der Individuen mehr Freiheit und individuelle Wahlmöglichkeiten haben.

Bitcoin ist ein Besitz-Instrument, was bedeutet, dass Menschen die vollständige Kontrolle über die Bitcoins haben, die sie besitzen. Außerdem gibt es beim Versenden von Bitcoin keinen Mittelsmann, der die Transaktion zensieren oder die persönlichen Daten des Absenders preisgeben könnte. Dies bietet Schutz vor Dieben, bösartigen Unternehmen und spionierenden Regierungen. Keine andere Währung und kein anderes Zahlungsunternehmen kann diese Art von Sicherheit vorweisen.

Bargeld unter der Matratze zu verstecken, ist seit langem eine Möglichkeit für Menschen in kaputten Volkswirtschaften, ihr Geld aufzubewahren. Der offensichtliche Nachteil ist, dass Bargeld schwer zu sichern und nicht bequem zu übermitteln ist. Wenn die Behörden an der Haustür auftauchen, können sie jegliches Bargeld, das sie finden, physisch beschlagnahmen. Im Vergleich dazu ist Bitcoin einfach aufzubewahren und sicher, da der private Schlüssel oder das geheime Passwort auf Papier, einem Computer, einem USB-Stick oder sogar im Gedächtnis gespeichert werden kann. Es ist möglich, den Besitz von Bitcoin plausibel zu bestreiten und die Behörden haben keine einfache Möglichkeit, Bitcoin physisch zu beschlagnahmen.

Flucht vor der hohen Inflation

Die Bürger von Iran bis zum Somaliland leben unter Regimen, die rücksichtslos Geld drucken und so die hart verdienten Ersparnisse ihrer Volkswirtschaften aufbrauchen.

Natürlich ist Inflation etwas, was alle Zentralbanken tun. Im Allgemeinen halten sie kleine Geldspritzen in die Wirtschaft für wünschenswert, denn das hält die Märkte in Bewegung. Demokratien mögen eine gewisse Zurückhaltung zeigen, aber wie wir gesehen haben, kann die Inflation schnell außer Kontrolle geraten.

Laut Verbraucherpreisindizes stiegen die Preise von 2018 auf 2019 in Deutschland um 1,7 % und in den Vereinigten Staaten um 1,9 %. In vielen Ländern stiegen die Preise für Konsumgüter deutlich stärker: 3,75 % in Brasilien, 5 % in Indien, 11 % in Nigeria, 20 % in der Türkei und satte 47 % in Argentinien. Menschen in Ländern mit Preissteigerungen von mehr als 10 % bemerken einen abrupten Wertverlust ihrer Einnahmen und Ersparnisse.

Ein extremer Fall ist Venezuela. Aufgrund von unerbittlichem Gelddrucken, systematischer Korruption und allgemeiner wirtschaftlicher Misswirtschaft stiegen die Preise im Jahr 2018 um 2.300.000 % – eine Hyperinflation, die so stark ist, dass Sparen unmöglich wird. Das Geld beginnt, Stunden nachdem es auf den Bankkonten angekommen ist, zu verdampfen. Dies zwingt die Venezolaner dazu, von der Hand in den Mund zu leben und das Geld buchstäblich in lebenswichtige Güter zu stecken, sobald sie es verdienen. Die Venezolaner leben unter einem autoritären Regime und sind nicht in der Lage, an freien und fairen Wahlen teilzunehmen, durch die sie ihre Regierung zur Verantwortung ziehen könnten. In den letzten Jahren sind mehr als vier Millionen Bürger, die mehr als 10 % der Bevölkerung des Landes ausmachen, in benachbarte Länder wie Brasilien und Kolumbien geflohen, was zu einer der schlimmsten Flüchtlingskrisen der Welt geführt hat.

Das venezolanische Regime hat nicht nur die heimische Wirtschaft ausgehöhlt, sondern auch seit fast zwei Jahrzehnten strenge Kapitalverkehrskontrollen eingeführt. Es ist äußerst schwierig, Geld ins oder aus dem Land zu schicken. Der Hauptweg, um Geld zu senden, führt über Mittelsmänner, die Zugang zu Konten in zwei Ländern haben: Eine Einzelperson könnte kolumbianische Pesos an einen Mittelsmann mit einem Konto in Venezuela geben, der den entsprechenden Betrag an venezolanischen Bolivars an den endgültigen Bestimmungsort überweist. Sogar diese Umgehung wird nun gestoppt, da die Banken unter dem Druck der Regierung Leute, die ihre venezolanischen Konten vom Ausland aus nutzen, kennzeichnen. Denke zurück an Kapitel eins: Das Regime will nicht, dass seine

Bevölkerung Zugang zu besserem, soliderem Geld als dem Bolivar hat.

Eine andere Möglichkeit ist, dass Freunde oder Familie, die in den USA leben, US-Dollar an ein Western-Union-Büro in einer Grenzstadt in Kolumbien schicken. Der Empfänger muss aus Venezuela fliehen, unter großem Risiko in die Stadt reisen, die US-Dollar von Western Union abheben und sich mit dem in der Kleidung versteckten Bargeld zurück nach Venezuela schleichen. Das ist natürlich zeitaufwendig und gefährlich, da es an den Landesgrenzen und Flughäfen nur so von korrupten Beamten wimmelt, die das Bargeld beschlagnahmen wollen.

Die Lösung: Benutze Bitcoin, um Werte über die Grenzen zu transferieren. Venezolaner können Freunde oder Familienmitglieder im Ausland per SMS um Bitcoin bitten und erhalten diese wenige Augenblicke später gegen eine geringe Gebühr. Diese Transaktion kann nicht zensiert werden und ist nicht einfach zu verfolgen. Für Menschen, die in stabilen Volkswirtschaften leben, mag Bitcoin volatil erscheinen, aber für Venezolaner ist selbst eine abrupte 20%ige Fluktuation des Bitcoin-Preises milde im Vergleich zu der jüngsten 2.300.000%igen Abwertung des Bolivars.

Sobald sie Bitcoin auf ihrem Telefon oder Computer erhalten haben, können sie diese ganz einfach über LocalBitcoins.com, eine eBay-ähnliche Website, die Händler in mehr als 100 Ländern miteinander verbindet, in die lokale Währung umwandeln. Sie können die frisch erhaltenen Bitcoins auf der Seite zum Verkauf anbieten und erhalten umgehend Angebote zum Kauf. Innerhalb von 15 Minuten können sie ihre Bitcoins verkaufen und erhalten Bolivar auf ihre Konten. Über dieses System werden jeden Tag Millionen von US-Dollar in und aus Venezuela bewegt. Seit Mitte 2019 ist Bitcoin bereits zu einer parallelen Wirtschaft der letzten Instanz für Menschen in völlig kaputten Wirtschaftssystemen wie Venezuela geworden.

Universeller Zugang zu Geld

Für einen gebildeten Bürger einer stabilen Demokratie ist es einfach, ein Bankkonto zu eröffnen. Aber das ist für Milliarden von Menschen auf der ganzen Welt nicht der Fall. Einige Beispiele sind frappierend. In Afghanistan und Saudi-Arabien werden Frauen von männlichen Verwandten daran gehindert, ein eigenes Bankkonto zu eröffnen. Sie werden effektiv ihrer finanziellen Freiheit beraubt.

Für sie kann Bitcoin ein Rettungsanker sein. Im Jahr 2014 stand eine afghanische Technologieunternehmerin namens Roya Mahboob vor einer großen Herausforderung: Sie konnte ihre weiblichen Angestellten nicht bezahlen. Wenn sie ihnen Bargeld gab, nahmen ihre Familien es ihr weg. Männliche Verwandte ließen sie keine Bankkonten eröffnen. Software wie PayPal war in ihrem Land nicht verfügbar. Ein Freund erwähnte die Möglichkeit, Bitcoin zu nutzen, und sie begann damit, ihre Angestellten zu bezahlen. Es gab ihnen finanzielle Selbstbestimmung.

Eine dieser jungen Frauen musste aus Afghanistan fliehen, weil ihr Leben in Gefahr war. Aber sie nahm ihre Bitcoins mit, die auf ihrem Telefon gespeichert waren. Sie reiste durch den Iran und die Türkei und schaffte es schließlich nach Deutschland. Dort tauschte sie ihre Bitcoins – die zum Glück während ihrer Reise dramatisch an Wert gewonnen hatten – in Euro, um ein neues Leben zu beginnen. Bitcoin kann den Unterdrückten und Banklosen helfen, wenn es keine anderen Optionen gibt.

Wenn die Bitcoin-Infrastruktur und der lokale Tausch von Mensch zu Mensch in den kommenden Jahren wachsen, wird dies einen großen Einfluss auf die Entwicklungshilfe und humanitäre Unterstützung haben. Das vielleicht anschaulichste Bild dafür, was in der Entwicklungshilfebranche falsch läuft, ist ein Foto, das im Februar 2019 an der venezolanischen Grenze entstand, als das Maduro-Regime ausländische Hilfsgüter

daran hinderte, ins Land zu kommen, indem es die Grenz-
brücke mit Traktoranhängern verbarrikadierte. Nicht sichtbar
auf dem Foto waren die Millionen von US-Dollar in Bitcoin, die
sich jenseits der Regierungskontrolle hin- und herbewegten.

Das heutige System der Entwicklungshilfe hat eklatante
Schwachstellen. Egal, ob eine Regierung einer anderen Regierung Hilfe schickt, eine philanthropische Organisation einer
NGO eine Spende macht oder eine Einzelperson Geld an
eine Familie in einer medizinischen Notlage schickt, das Geld
kommt nur an seinem Ziel an, nachdem es durch Dritte geleitet
wurde.

Selbst in der einfachsten Situation gibt es mindestens drei
Mittelsmänner: die Bank des Senders, eine Zentralbank und
die Bank des Empfängers. Oft gibt es mehr Zwischenhändler,
manchmal bis zu sieben. Jeder kann den Prozess verlangsamen,
die Transaktion einfrieren oder sogar das Geld stehlen. Der
ehemalige UN-Generalsekretär Ban Ki-moon erklärte 2012 in
einer Rede, dass die Korruption im vergangenen Jahr «30 % der
gesamten Entwicklungshilfe daran gehindert hat, ihr Ziel zu
erreichen».

Laut Untersuchungen von Organisationen wie GiveDirectly
und der Weltbank sind direkte Geldtransfers der effektivste

Weg, um Hilfe zu leisten. Bitcoin ermöglicht erlaubnisfreie Überweisungen an jeden auf dem Planeten innerhalb von Minuten. Der Empfänger braucht weder ein Bankkonto noch einen offiziellen Ausweis, sondern nur einen Internetzugang.

Eine aktuelle Studie von Pew fand heraus, dass 45 % der Menschen in Schwellenländern bereits ein Smartphone besitzen, eine Zahl, die weiter steigt. Um den potenziellen Einfluss von Bitcoin in diesem Bereich zu verstehen, bedenke, dass in einem Land wie den Philippinen nur 20 % der Erwachsenen ein Bankkonto haben.

Um als Zahlungskanal genutzt werden zu können, müssen Bitcoin-Empfänger in der Lage sein, sie in lokale Währung zu tauschen. Bitcoin ist derzeit nicht als Hilfsmittel brauchbar, es sei denn, man kann ihn für Waren oder Dienstleistungen ausgeben. Aber laut einer detaillierten Analyse von Bitcoin-Marktplatzdaten, die Matt Ahlborg durchgeführt hat, wird es für Einzelpersonen in Schwellenländern von Ostasien bis Westafrika immer einfacher, Bitcoin in lokale Währungen zu tauschen.

Was noch dazu kommt: Wenn traditionelle Banken dicht machen, läuft das Bitcoin-Netzwerk weiter. Da seine weltweite Infrastruktur die Liquidität und den Zugang für Menschen auf der ganzen Welt verbessert, wird die Fähigkeit von Bitcoin, als Rettungsanker für Hilfsempfänger zu fungieren, dramatisch zunehmen.

Es gibt bereits Mesh-Netzwerke, Satellitensysteme und funkbasierte Techniken, die es Menschen ermöglichen, Bitcoins sogar ohne Internetzugang zu senden und zu empfangen. Ingenieure arbeiten an Innovationen, die es den Regierungen immer schwerer machen, die Bürger am Zugang zu Bitcoin zu hindern, einer Währung, die sie nicht inflationieren oder problemlos konfiszieren können.

Die bargeldlose Gesellschaft

Die Idee einer bargeldlosen Gesellschaft wird oft als sehr komfortabel dargestellt. Aber aus Sicht der Menschenrechte birgt sie neue Gefahren und gibt Regierungen und Banken eine noch nie dagewesene Macht.

Bargeld ist eine der besten Möglichkeiten, um die Privatsphäre einer Person zu schützen. Wenn man für etwas mit einem Geldschein bezahlt, wissen nur der Käufer und der Verkäufer von der Transaktion, und das Kaufverhalten wird für Regierungen schwer nachvollziehbar. Anonyme Zahlungen sind mit Bargeld möglich, wie wenn Papiernoten in eine Spendenbox für Wohltätigkeitsorganisationen geworfen werden.

Leider verschwindet das Bargeld auf der ganzen Welt. In hyperinflationären Gesellschaften wie Venezuela oder Somaliland sind Papierscheine so wertlos, dass sie in Bündeln kiloweise gewogen werden müssen. In fortschrittlichen urbanen Gebieten wie Stockholm und Shanghai nutzen die Bewohner fast ausschließlich digitale Zahlungsmittel. Es wird geschätzt, dass nur noch 8 % aller weltweiten Transaktionen mit Münzen oder Scheinen durchgeführt werden. Im Jahr 2030 wird die Zahl der Menschen, die Bargeld im Alltag sinnvoll nutzen können, gegen Null gehen.

Wie wir in Kapitel eins gesehen haben, kann dies eine beängstigende Perspektive für Demonstranten sein, die an Orten wie Hongkong auf Bargeld angewiesen sind, um Fahrkarten für den öffentlichen Nahverkehr oder Wegwerf-SIM-Karten zu kaufen, um ihre Privatsphäre zu schützen und die Überwachung zu verhindern. Ohne Bargeld oder ein digitales Äquivalent wird es fast unmöglich, politische Proteste zu koordinieren und gleichzeitig die persönliche Sicherheit zu schützen.

In Estland macht die Regierung die öffentlichen Verkehrsmittel kostenlos. Das hört sich wunderbar an, hat aber einen

Haken: Passagiere können nur mit ihrer Bürgerkarte kostenlos fahren, was es der Regierung ermöglicht, ihre Bewegungen zu verfolgen. Während sich die Esten vielleicht keine Sorgen machen müssen, haben die Bürger der nahegelegenen autoritären Regierungen wie Russland oder Weißrussland ernsthaften Grund zur Sorge.

Mittlerweile hat die Kommunistische Partei Chinas die Kontrolle über Systeme mit mehr als einer Milliarde Nutzern wie Alipay oder WeChat. Die Behörden üben nicht nur die Überwachung und Kontrolle über das Geld der Menschen aus, sie regulieren auch die Handlungen und Meinungen ihrer Bürger durch Social-Credit-Systeme. In sozialen Kreditsystemen, wie dem, das in ganz China umgesetzt wird, werden die Bürger nicht nur nach ihrer finanziellen Gesundheit bewertet, sondern auch nach ihrer politischen Meinung, Identität und ihrem sozialen Umfeld. Die Regierung schafft Anreize für loyales Verhalten der Bürger und bestraft Störenfriede, indem sie sie daran hindert, ins Ausland zu reisen, schnelles Internet zu bekommen, ihre Kinder auf gute Schulen zu schicken oder gute Zinsen für Kredite zu bekommen. Diese sozialen Kreditsysteme befinden sich noch im Anfangsstadium, sind aber auf dem besten Weg, der chinesischen Regierung eine noch nie dagewesene Kontrolle zu geben und stellen das größte Social-Engineering-Projekt der Menschheitsgeschichte dar.

Ähnliche, wenn auch weniger beunruhigende Trends zeichnen sich auch in westlichen Demokratien ab: Kreditkartenunternehmen und Händler verkaufen Transaktionsaktivitäten an Werbetreibende, um Profit zu machen.

Bitcoin vs. Big Brother

Was Menschen kaufen, verrät mehr als das, was sie sagen. Transaktionen verraten eine Menge darüber, wer Menschen sind und was sie tun, wohin sie wann gehen oder was sie mögen oder nicht mögen. Je umfassender die Ausgaben nachverfolgt werden, desto wahrscheinlicher ist es, dass die Menschen mit einem Orwellschen Ergebnis konfrontiert werden.

In demokratischen Gesellschaften zeichnet sich eine Debatte über die Rolle von Konzernen wie Facebook als Emittenten eigener Währungen ab. Facebook schlägt vor, Diem bei Hunderten von Millionen Menschen über bestehende Social Media Accounts auf WhatsApp, Instagram oder dem Messenger einzuführen. Während ein Projekt wie Libra sehr wohl einer großen Anzahl von Menschen, die derzeit keine Bankverbindung haben, finanziellen Zugang gewähren könnte, befürchten viele, dass Facebook die Zahlungsaktivitäten der Nutzer aufzeichnen, Entscheidungen beeinflussen oder Einzelpersonen ausschließen und ihre Zahlungsmöglichkeiten einfrieren wird, wenn sie bestimmte politische Meinungen äußern.

Um Big Brother zu stoppen, muss jeder seinen immer größer werdenden Daten-Fußabdruck reduzieren. Je weniger identitätsbezogene Informationen zwischen Unternehmen und Regierungen verbreitet und geteilt werden, desto schwieriger ist es, den Einzelnen zu überwachen, zu manipulieren und zu kontrollieren.

Eine bargeldlose Gesellschaft ist eine Überwachungsgesellschaft. Ob mit dem staatlich kontrollierten WeChat-Modell oder dem von Unternehmen kontrollierten Libra-Modell, Unternehmen können alle wirtschaftlichen Aktivitäten für Profit, Unterdrückung oder Schlimmeres verfolgen.

Was wäre, wenn die Zukunft anders sein könnte? Was wäre, wenn Bargeld in einer digitalen Form existieren könnte? Obwohl Bitcoin-Transaktionen derzeit nur pseudonym sind, wird in der Entwicklergemeinschaft viel daran gearbeitet, mehr Privatsphäre in das Bitcoin-Netzwerk und seine Nutzer zu bringen. Wenn man in naher Zukunft etwas online kauft, ein Bus- oder U-Bahn-Ticket erwirbt oder politische Magazine oder Podcasts abonniert, werden Einzelpersonen ihre Identität nicht mehr preisgeben müssen, wenn sie Zahlungen tätigen.

Bitcoin-Privatsphäre schaffen mit dem Lightning Network

Verbraucher verlieren zunehmend ihre finanzielle Privatsphäre. Eine Lösung könnte Lightning sein, ein Zahlungsnetzwerk, das derzeit auf Bitcoin aufgebaut wird.

Das bestehende Zahlungssystem schafft alle Arten von Honeypots für die Privatsphäre, da jeder Finanzvermittler eine potenzielle Sicherheitslücke darstellt. Bitcoin ist insofern anders, als dass es keine Mittelsmänner gibt, so dass zumindest im Prinzip diese Schwachstelle beseitigt werden könnte. Wichtige Details von Bitcoin-Transaktionen werden leider in der Blockchain aufgezeichnet, die jeder sehen kann. Forscher haben untersucht, ob es einen Weg gibt, die spezifischen Details einer Transaktion zu verstecken oder zu verschleiern und trotzdem mit Bitcoin zu bezahlen, und das ist mit Lightning möglich.

Das Lightning Network zeichnet die Details jeder Transaktion nicht direkt in der Bitcoin-Blockchain auf. Das Ziel von Lightning ist es, die Geschwindigkeit und das Volumen von Transaktionen zu erhöhen, die Bitcoin verarbeiten kann. Die Privatsphäre ist ein Nebeneffekt, um dieses Ziel zu erreichen.

Dieser technische Durchbruch ähnelt Bitcoin insofern, als dass er quelloffen, erlaubnisfrei und für jeden verfügbar ist, unabhängig von Standort, Alter, Einkommen, Geschlecht oder Staatsbürgerschaft. Bitcoin auf Lightning könnte helfen, eine dystopische Zukunft zu verhindern, in der Privatsphäre teuer und nur für wohlhabende Individuen erreichbar ist.

Selbst in einer bargeldlosen Gesellschaft sollte es bald möglich sein, eine Lightning-App auf dem Telefon zu nutzen, um anonym Transit-Tickets zu kaufen, um eine Demonstration zu besuchen oder politische Bücher online zu kaufen. Der Fahrkartenautomat in der U-Bahn oder Amazon werden nichts über die Käufer wissen und nicht in der Lage sein, ihre Daten weiterzugeben oder ihre Informationen mit Regierungen zu teilen.

Dennoch ist Lightning kein Allheilmittel für den Datenschutz. Die Anonymisierung von Zahlungsinformationen ist nur ein Schritt zur Sicherstellung der vollständigen Privatsphäre, da Datenschutzlücken wie Hintertüren in Telefonen, Geolocation-Tracking und Überwachungskameras ebenfalls abgeschafft werden müssen.

Der Autor von *Black Swan* Nassim Taleb hat geschrieben, dass Bitcoin «eine Versicherungspolice gegen eine Orwellsche Zukunft ist». Da der weltweite Trend der zunehmenden Überwachung und des verschwindenden Bargelds anhält, scheint diese Zukunft bereits auf uns zuzukommen.

Technologie verbessert nicht immer die Freiheit auf der Welt. Im Gegenteil, Künstliche Intelligenz und Big-Data-Analysen berauben den Einzelnen systematisch seiner Freiheiten, besonders in Ländern wie China. Der Historiker und Sapiens-Autor Yuval Noah Harari hat davor gewarnt, dass die moderne Informationstechnologie dazu neigt, Tyrannei zu begünstigen, aber Technologie kann auch die Freiheit begünstigen, wenn sie absichtlich zu diesem Zweck entwickelt und eingesetzt wird. Bitcoin, besonders wenn es durch neue Entwicklungen wie das Lightning Network gestärkt wird, kann ein wichtiges Werkzeug im globalen Kampf für Menschenrechte sein.

KAPITEL 5
Eine Geschichte von zwei Zukunftsvisionen

Wir schreiben das Jahr 2039 – Zukunftsvision 1.

In den letzten 20 Jahren haben weltweite Kriege deutlich zugenommen. Länder kämpfen darum, den US-Dollar und den chinesischen Renminbi von ihrer dominanten Position zu verdrängen. Manchmal brechen diese wirtschaftlichen Turbulenzen in gewaltsame Konflikte aus. Reiche Länder leiden unter dem politischen Niedergang und der hartnäckigen wirtschaftlichen Rezession, während arme Länder am Rande des totalen Zusammenbruchs stehen, da aufeinanderfolgende Wirtschaftskrisen den Reichtum und die Macht zu zentralen Staats- und Konzernmächten konsolidieren.

Dominante Tech-Unternehmen wie Alibaba, Tencent, Facebook, Google und Amazon kontrollieren den globalen Markt und haben sich nach mehrfachem Druck von Seiten der Regierung, Kartellklagen und Vergleichen bereit erklärt, Nutzerdaten im Austausch für den Marktzugang herauszugeben. Die Unternehmen teilen umfassende Nutzerinformationen mit Regierungen auf der ganzen Welt darüber, was jeder kauft, was jeder hört, worüber jeder postet und wo jeder ist. Unternehmen sind zu Satelliten des Staates geworden. Persönliche Privatsphäre ist nicht existent.

Das gibt den Regierungen eine noch nie dagewesene Kontrolle über ihre Bürger. Die Kluft zwischen Arm und Reich vergrößert sich weiter, da sich der Cantillon-Effekt potenziert und diejenigen mit Verbindungen zum Regime überproportional profitieren. Digitale Überwachung ist die Norm, während die Kritik an autoritären Regierungen verdampft. Die Kontrolle der Regierung und der Unternehmen über das Geld bedeutet, dass sie Meinungen zensieren können, da abweichende Produzenten von Inhalten nicht bezahlt oder unterstützt werden können, um ihrer Arbeit nachzugehen.

Gedankenvielfalt ist jetzt Dissens. Polizeistaaten auf der ganzen Welt nutzen das Internet der Dinge, medizinische Implantatdaten, Telefon-Tracking, Transaktionshistorien und Suchanfragen, um Andersdenkende zu lokalisieren und zu bestrafen. Opposition ist im Grunde unmöglich, da Bargeld verschwunden ist und alle Einkäufe (auch für Dinge wie U-Bahn-Tickets, Zeitungen und Masken, die die eigene Identität verbergen könnten) digital und überwacht sind. Der Staat und die multinationalen Konzerne sind mächtiger als je zuvor.

Wir schreiben das Jahr 2039 – Zukunftsvision 2.

Eine pulsierende Weltwirtschaft floriert weiter. Mehr Menschen auf der ganzen Welt sparen, häufen Wohlstand an, können sich Häuser leisten und neue Unternehmen gründen. Unternehmer aus Ländern, die früher als Dritte-Welt-Länder bezeichnet wurden, treiben Innovationen in der globalen Wirtschaft voran. Der Wechsel der Gerichtsbarkeit ist einfacher denn je. Die Regierungen konkurrieren, da die Bürger wählen, wo sie leben, arbeiten und Steuern zahlen wollen. Die Einkommenssteuern sinken, während die Qualität der Infrastruktur, der Dienstleistungen und der Schulen als Ergebnis des globalen Wettbewerbs steigt.

Die Verbreitung von so vielen neuen Waren und Dienstleistungen, die von so vielen kleinen Unternehmen angeboten werden, hat mehr Innovationen hervorgebracht, als man für möglich gehalten hätte. Viele multinationale Konzerne, die früher den Markt dominiert haben, wurden von den zahlreichen kleineren Akteuren aus allen Ecken der Welt überholt. Jeder kann für alles mit erlaubnisfreien und privaten Zahlungen bezahlen.

Viele autoritäre Regime wurden gestürzt oder geschwächt, da die Bürger immer geschickter darin werden, drakonische Kapitalkontrollen zu umgehen und den Wohlstand für sich selbst zu bewahren, anstatt ihn an die Eliten abzutreten.

Die Regierungen wurden gezwungen, von der Kontrolle zum Wettbewerb überzugehen; Individuen sind freier als je zuvor.

Wie sieht eine mehr auf Bitcoin basierende Welt aus?

Die Zukunft vorherzusagen, ist immer ein riskantes Unterfangen. Dies sind zwei alternative Visionen angesichts der aktuellen Entwicklung der Welt. Keines der beiden Extreme wird wahrscheinlich eintreten, aber die Individuen haben die Kontrolle darüber, welche Richtung ihre Gesellschaft einschlagen wird.

Das Geldsystem befindet sich am Scheideweg. Bitcoin hat das Potenzial, Geld und Staat zu trennen. Es lohnt sich, zu fragen, wie die globale Bitcoin-Adoption die Gesellschaft verändern könnte.

Die grenzenlose Wirtschaft entsteht

Seit dem 20. Jahrhundert wurden die Volkswirtschaften größtenteils von Nationalstaaten kontrolliert. Der Übergang zu digitalem Geld erlaubte es den Regierungen zunächst, die Volkswirtschaften auf eine noch nie dagewesene Weise zu kontrollieren, indem sie die Geldmenge leicht erhöhen konnten, um Initiativen zu finanzieren.

Doch mit dem Fortschreiten des digitalen Zeitalters begannen die Volkswirtschaften, die Staaten zu überflügeln. Zu Beginn des 21. Jahrhunderts war dies offensichtlich, als Verbraucher Waren kauften, die auf der halben Welt produziert wurden. Unternehmen heuerten Freelancer von den Philippinen bis Nigeria als Softwareentwickler, virtuelle Assistenten oder sogar Remote-Radiologen an. Handelspartner konnten durch Tausende von Meilen getrennt sein. Die gesamte Kommunikation war digital, sofort und nahtlos. Grenzüberschreitende Zahlungen waren jedoch immer noch langsam und teuer. Das Bezahlen von Online-Waren war immer noch auf traditionelle Kanäle angewiesen und die Abwicklung zwischen Finanzinstituten in US-Dollar dauerte immer noch mehrere Tage. Das Geldsystem hatte sich noch nicht an die zunehmend vernetzte Welt angepasst.

Das Auftauchen von Bitcoin ist der Funke, der die nächste Welle der finanziellen Evolution ermöglichen wird.

Digital erzeugte Güter wie Social-Media-Inhalte und Videospielartikel werden einen größeren Anteil der Weltwirtschaft in Anspruch nehmen. Bitcoin wird zunehmend als Zahlungsmittel bei grenzüberschreitenden Transaktionen genutzt werden, da die Fiatwährung weiterhin schwerfällig bleiben wird. Die Mikrotransaktionsmöglichkeiten von Bitcoin, die schnelle Abwicklung und die wachsende Nutzerbasis werden die Händler dazu zwingen, die Preise in Bitcoin zu nennen.

Diese Ökonomien sind heute noch klein – wie Communities, die in den 1990er-Jahren auf AOL gechattet haben – aber wenn sie wachsen, werden sie die wirtschaftliche Kontrolle der Staaten weiter erodieren. Je mehr Reichtum aus grenzüberschreitenden Netzwerken hervorgeht und in einer grenzenlosen Währung denominiert ist, die sich im Besitz von Individuen befindet, desto einfacher wird es, Reichtum zu bewegen und sich von der physischen Wirtschaft eines einzelnen Nationalstaates zu befreien.

Regierungen werden mit dem wahren Preis des Krieges konfrontiert

Wenn Bitcoin allgegenwärtig wird, wird die Fähigkeit des Staates, einfach mehr Geld zu drucken, um Kriege zu finanzieren, erheblich eingeschränkt sein. Kriege werden nicht mehr so einfach finanziert werden können wie in den letzten hundert Jahren. Wenn es zu Kriegen kommt, dann werden sie in begrenzterem Umfang und von kürzerer Dauer sein.

Langwierige Konflikte wie die russische Intervention in Syrien und der Ukraine oder die amerikanische Besetzung des Irak und Afghanistans könnten der Vergangenheit angehören, da solche Operationen immer schwieriger zu finanzieren sein werden. Kriege zwischen Nationalstaaten werden noch mehr als heute eine allerletzte Option sein, da Regierungen viel mehr Anreize haben, weniger teure Wege zur Beilegung von Meinungsverschiedenheiten zu finden.

Autoritarismus wird zu kostspielig

Autoritäre Staaten werden es schwer haben, in einem globalen Umfeld zu konkurrieren, das für sie schwieriger zu kontrollieren ist. Da Individuen auf der ganzen Welt ihren persönlichen Wertetransfer kontrollieren, werden die produktivsten Bürger eines Landes einfach *mit ihrem Vermögen* in ein konkurrierendes Land abwandern, wenn die Bedingungen nicht wünschenswert sind. Um diese produktiven Bürger zu halten, müssen die Regierungen strenge Grenzkontrollen durchsetzen oder diesen Bürgern ein Mitspracherecht in ihrer Regierung einräumen.

Diktaturen werden nicht stillschweigend verschwinden, aber sie werden vor die Wahl gestellt: sich der massenhaften Kapitalflucht stellen oder mehr Freiheit zulassen. Dank der Informationsnetzwerke finden liberale Werke der Literatur und des

Films heute routinemäßig ihren Weg in die Haushalte selbst der tyrannischsten Regime wie Eritrea und Nordkorea. Dieses Phänomen wird durch Geld, das ebenso übertragbar und sicher ist wie Informationen, noch beschleunigt werden.

Vermögenswerte werden korrekt bepreist

Bitcoin ist ein Wertspeicher für jeden, unabhängig von Status, ethnischer Zugehörigkeit oder geografischer Lage. Als Reaktion auf die Inflation des Fiatgeldes entscheiden sich die meisten Menschen derzeit dafür, einen Teil ihres Vermögens in Immobilien, Aktien und Edelmetallen aufzubewahren, die alle stärker zentralisiert und daher schwerer zugänglich sind als Bitcoin. In einer Welt, in der die Lagerung von Vermögen in Bitcoin die Norm ist, werden spekulative Blasen in diesen Vermögenswerten nicht mehr so häufig vorkommen.

Zum Beispiel wird es weniger Fälle von inflationsbedingten Immobilienblasen geben, da weniger Ausländer große Teile des Wohnungsangebots einer Stadt kaufen werden, ohne Pläne, dort zu leben. Mit Bitcoin als überlegene Alternative wird der Kauf stabiler Vermögenswerte im Ausland nicht mehr attraktiv sein. Die Preise werden nicht in die Höhe schießen und mehr Menschen werden in der Lage sein, sich ein Haus in ihrer eigenen Stadt zu leisten.

Das dezentrale Finanzwesen hält Einzug

Die Vorherrschaft der Amerikaner, Europäer und Chinesen wird schwinden, wenn die Länder in der Lage sind, ihre Geschäfte in Bitcoin, einer echten globalen Reservewährung, abzuwickeln, statt in regionalen US-Dollar, Euro oder Renminbi. Arbeitskräfte werden sich frei auf der Welt bewegen können und es wird mehr Wettbewerb um Arbeitskraft geben, wodurch die Arbeiter mehr von dem Wert bekommen, den sie produzieren.

US-amerikanische, europäische und chinesische Banken werden ihren erdrückenden Einfluss verlieren, da jeder Mensch seine eigene Bank sein kann, was im Laufe der Zeit echte Einsparungen ermöglicht. In Ländern, die Arbeitskraft exportieren, wird sich Reichtum ansammeln, wodurch einheimische Unternehmen entstehen und Infrastruktur und Dienstleistungen aufgebaut werden können.

Die Macht der Großbanken schrumpft

Banken, die aufgrund ihrer besonderen Beziehung zu Regierungen und ihrer Kontrolle über das Geld der Menschen riesig geworden sind, werden entweder bankrott gehen oder viel kleiner werden. «Too big to fail» (zu groß, um zu scheitern) wird nicht mehr die Norm sein, und Banken und größere Unternehmen werden sich nicht mehr auf staatliche Rettungsaktionen verlassen können, wenn sie Fehler wie in der Finanzkrise 2008 machen.

Ohne diese Vorteile müssen sich Banken und multinationale Unternehmen auf die Bereitstellung von Dienstleistungen für ihre Kunden konzentrieren, anstatt sich bei Regierungen für Almosen anzubiedern. Kleinere Unternehmen und Banken werden dank der grenzenlosen Natur von Bitcoin in der Lage sein, Kunden weltweit zu bedienen, und sie werden die verknöcherten Giganten der Vergangenheit verdrängen.

Der Niedergang von Big Brother und dem Überwachungskapitalismus

Heutzutage werden digitale Zahlungsinformationen sowohl von Unternehmen zu Profitzwecken ausgenutzt als auch zur staatlichen Überwachung verwendet. Da sich das Internet als ein standardmäßig offener Marktplatz entwickelt hat, haben sich Datenschutzstandards nur langsam an den Schutz der zunehmend persönlichen und wichtigen Informationen, die online sind, angepasst. Infolgedessen werden persönliche Daten ständig neu verpackt, analysiert und ohne Wissen oder ausdrückliche Erlaubnis verwendet.

Mit dem Aufkommen und der Einführung von Lightning-Zahlungen, aufbauend auf Bitcoin, werden die meisten kleinen täglichen Einkäufe von der Identität abgekoppelt sein.

Wenn man etwas online kauft, eine politische Zeitschrift abonniert, an eine gemeinnützige Organisation spendet oder für eine medizinische Behandlung bezahlt, wird niemand außer dem Verbraucher die vollständigen Details der Transaktion kennen. Es gibt keinen Zahlungsabwickler, der Informationen aus einer zwischengeschalteten Position weitergeben könnte, da die Transaktionen auf Augenhöhe stattfinden und der Händler nur die Zahlung sieht. Da es in dieser Umgebung keine identifizierenden Informationen gibt, wird es für Überwachungssysteme viel schwieriger sein, das Verhalten der Verbraucher zu verfolgen und ihre Aktionen vorherzusagen.

Der Beginn der Selbstbestimmung

Bitcoin ist ein Phänomen, das in seiner potenziellen Tragweite der Demokratie und dem Internet ähnelt: Technologien, die jeweils die Tyrannei der politischen Macht und die Konzernkontrolle über das Wissen gestürzt haben. Durch die Demokratie halten die Bürger kollektiv die Macht der Regierung und der Diktatoren in Schach, und durch das Internet erhalten die Durchschnittsbürger eine stärkere Stimme und einen freieren Zugang zu Wissen.

Auf die gleiche Weise wird Bitcoin das monetäre Monopol von Staaten und Konzernen brechen. In einem Jahrhundert werden die Menschen auf die heutige Zeit zurückblicken und sich an eine Zeit erinnern, in der einige wenige Privilegierte die Wirtschaft kontrollierten, genauso wie jemand heute auf die Idee des monarchischen Feudalsystems oder der Staatspropaganda als überholt zurückblickt. Diese Entwicklung wird sich in drei Phasen vollziehen, während sich Bitcoin zur Weltwährung entwickelt.

Phase 1: Wertspeicher

Der erste Schritt der Bitcoin-Adoption wird die Verwendung als Wertspeicher sein. Dies ist die Phase, in der sich Sparer auf der ganzen Welt gegen die Inflation ihrer lokalen Regierungen schützen. Dies geschieht heute nicht nur in hyperinflationären Volkswirtschaften wie Venezuela und Simbabwe, sondern auch an Orten wie den Vereinigten Staaten und Europa, wo Bitcoin über mehrere Jahre hinweg eine bessere Performance als die lokale Fiatwährung gezeigt hat. Spät in der Wertspeicherphase werden Pensionsfonds und etablierte Finanzinstitutionen beginnen, Bitcoin in ihre Portfolios aufzunehmen, und noch später werden Regierungen beginnen, Bitcoin zu ihren Reserven hinzuzufügen. Mit El Salvador kam hier im Jahr 2021 bereits das erste Land dazu, einen Versuch mit Bitcoin als legales Zahlungsmittel zu initiieren. (Anm. d. Red.: Sachverhalt El Salvador hinzugefügt).

Die Akzeptanz in dieser Phase wird langsam und organisch wachsen, wenn die Menschen die Vorteile erkennen.

Phase 2: Zahlungsmittel

Wenn genügend Händler erkennen, dass Nicht-Bitcoin-Geld in Wirklichkeit ein minderwertiges Wertaufbewahrungsmittel ist, werden sie in Bitcoin bezahlt werden wollen. Dies ist vergleichbar mit Schwarzmarkthändlern in Venezuela, die Bolivars ablehnen und US-Dollar verlangen. Wenn immer mehr Händler, Unternehmer und Angestellte Bitcoin bevorzugen, wird die Nachfrage nach Bitcoins in der gleichen Weise steigen, wie die Nachfrage nach US-Dollar nach der Einführung des Goldkonvertierungssystems von Bretton-Woods in die Höhe geschnellt ist.

Dies wird zunächst nicht in fortgeschrittenen Volkswirtschaften wie der der Vereinigten Staaten geschehen, sondern in kaputten Volkswirtschaften mit wilder Inflation und hartnäckiger Korruption. Diese Gesellschaften werden wahrscheinlich von repressiven Regimen regiert, die die Nützlichkeit von leicht zu konfiszierenden Wertaufbewahrungsmitteln wie US-Dollar-Noten und Gold vermindern. Die Menschen an solchen Orten werden Bitcoin verwenden, um der Beschlagnahmung ihres Reichtums zu entgehen und wenn nötig, um ganz zu entkommen.

In dieser Phase werden gut durchdachte Software, schnellere Abrechnungstechnologien, verbesserte Infrastruktur und Innovationen zum Schutz der Privatsphäre in den Vordergrund rücken. Bitcoin-Nutzer werden in der Lage sein, Transaktionen sofort und privat durchzuführen, was die Überwachung viel schwieriger macht.

Phase 3: Recheneinheit

Da immer mehr Menschen Bitcoin anstelle ihrer Landeswährung halten und verdienen, werden Waren und Dienstleistungen in ihrem absoluten Bitcoin-Preis anstelle der Landeswährung oder des US-Dollars bepreist werden. An diesem Punkt wird es lukrative Arbitrage-Möglichkeiten geben, wobei die Aufnahme von Krediten in schnell abwertenden Währungen und deren Konvertierung in Bitcoin profitabel werden.

Dies wird der Beginn der Hyperbitcoinisierung sein, bei der der US-Dollar und der Renminbi ihre privilegierte Stellung verlieren und Bitcoin zur weltweiten Verrechnungswährung wird. Dies wiederum wird eine Hyperinflation bei den meisten anderen Währungen auslösen, da Kredite sehr teuer werden, um Arbitrage zu verhindern. Da Bitcoin der begehrteste Ort zur Wertaufbewahrung sein wird, wird die positive Rückkopplungsschleife dazu führen, dass viele andere Währungen erheblich an Wert verlieren.

Wir sind immer noch früh dran

Jede grundlegende Technologie, vom Kühlschrank bis zur Kreditkarte, folgt einer Akzeptanzkurve, und am Anfang gibt es immer eine Menge Skeptiker. Schließlich steigt die Kurve exponentiell an und nimmt die Form eines S an, und die Technologie verbreitet sich. Es ist schwer, sich eine fairere oder demokratischere Idee vorzustellen als die Tatsache, dass heute jeder – unabhängig von Standort, Geschlecht, Sprache, Alter, Bildungsgrad oder Vermögen – sinnvoll in Bitcoin einsteigen kann – eine exponentielle Technologie, die sich immer noch am unteren Ende ihrer Adoptions-S-Kurve befindet.

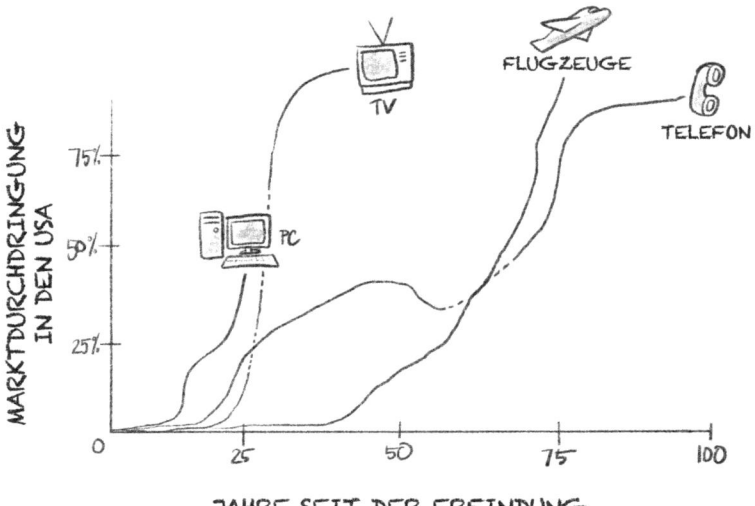

Bitcoin ist derzeit weit von dem entfernt, wo er in Bezug auf Nutzbarkeit, Kapazität, öffentliches Bewusstsein und kommerzielles Interesse sein könnte. Es gibt nicht genug Unternehmen, die auf Bitcoin aufbauen, nicht genug Schüler, die sich damit beschäftigen, nicht genug Lehrer, die es unterrichten, nicht genug Händler, die es akzeptieren, nicht genug philanthropische Stiftungen, die seine Entwicklung unterstützen, und nicht genug öffentliche Entscheidungsträger, die die Fähigkeit von Bitcoin, finanzielle Privatsphäre zu erreichen, ernst nehmen. Es braucht mehr Interesse, Engagement und kritisches Denken in diesem Bereich.

Ungefähr 1 % der Weltbevölkerung hat jemals Bitcoin besessen. Wenn die entsprechende Zeit und die Ressourcen in die Entwicklung von benutzerfreundlichen Wallets, Börsen und Bildungsmaterialien investiert werden, hat Bitcoin das Potenzial, für Milliarden Menschen auf der ganzen Welt einen echten Unterschied zu machen. Bitcoin kann jedem helfen, mehr finanzielle Freiheit zu erlangen, aber es wird wahrscheinlich zuerst denen helfen, die es am meisten brauchen.

Menschen in Nigeria, der Türkei, den Philippinen, Venezuela, Iran, China, Russland oder Palästina haben nicht die gleichen Freiheiten, Menschenrechte und das Vertrauen in ihr Finanzsystem wie die Menschen im Westen. Für sie ist Bitcoin ein Weg zu entkommen.

Opting-out, Schweigen und Flucht sind die neuen Formen des Protests. Um Veränderungen zu bewirken, muss sich ein Einzelner nicht mit Tausenden Gleichgesinnten zusammenschließen, um einen Tag oder eine Woche lang die Straßen mit Protest zu überfluten. Solche Menschen können ihren Reichtum genauso einfach exportieren, wie sie eine E-Mail verschicken können. Proteste können nun von einer einzelnen Person getragen werden. Am Anfang wird die Akzeptanz ein Rinnsal sein, dann ein Strom und schließlich eine Flut.

Die Zukunft liegt in deinen Händen

Bitcoin ist eine bedeutende Erfindung, die neue Alternativen zu vielen Problemen des aktuellen Geld- und Wirtschaftssystems bietet. Ungleichheit, monopolistische multinationale Konzerne und Autoritarismus werden zum Teil durch die staatliche Kontrolle des Geldes angeheizt. Wenn die Welt von Bitcoin und wie er Selbstbestimmung ermöglicht erfährt, wird sich die Macht auf der ganzen Welt auf signifikante Weise dezentralisieren. Anstelle von autoritären Regimen werden mehr Regierungen die menschliche Würde, den Wert und das Talent respektieren. Anstelle von entkoppelten multinationalen Konzernen wird es kleinere Unternehmen geben, die im Dienste ihrer Kunden arbeiten. Während Ergebnisgleichheit nicht möglich ist, wird Bitcoin das Spielfeld ebnen, indem es Menschen ermöglicht, den Wert, den sie schaffen, zu erfassen und zu behalten.

Was könnte fairer sein als die Idee, dass alles, was man braucht, um an der nächsten Finanzrevolution teilzunehmen, der Zugang zu einem preiswerten Smartphone und zum Internet ist? Keine Bank, keine staatliche Regulierungsbehörde, keine Erlaubnis ist nötig, um Teil dieser Zukunft zu sein.

Indem wir die Kontrolle über das Vermögen von den Launen derer, die die Kontrolle haben, zurücknehmen, kann jeder freier sein, sein eigenes Schicksal zu gestalten.

Bitcoin ermöglicht menschliche Freiheit auf eine Art und Weise, die zu Beginn des 21. Jahrhunderts nie für möglich gehalten wurde.

Gib dieses Buch weiter und hilf mit, die Botschaft zu verbreiten.

Bitcoin Fragen & Antworten

In den letzten Jahren haben Neulinge und Skeptiker eine Menge Fragen über Bitcoin gestellt. Dieser Abschnitt versucht, die wichtigsten und häufigsten zu beantworten, indem er einige der Mythen, Herausforderungen, Schattenseiten und Verwirrungen rund um Bitcoin anspricht. Er zielt darauf ab, genügend grundlegende Informationen zu liefern, um einem neugierigen Geist einen guten Start zu ermöglichen, ist aber keineswegs vollständig.

Wer ist Satoshi Nakamoto?

Satoshi Nakamoto ist der anonyme Schöpfer von Bitcoin.

In den ersten zwei Jahren der Historie von Bitcoin, war Satoshi Nakamoto ein aktives Mitglied der Community. Satoshi postete häufig seine Gedanken über die Bitcoin-Technologie und ihre sozialen Auswirkungen und trug zur Software-Entwicklung bei. Ende 2010 verschwand Satoshi.

Satoshi besitzt wahrscheinlich Bitcoin im Wert von Hunderten von Millionen US-Dollar, die jeder auf der Blockchain sehen kann. Diese Coins haben sich nie bewegt, was darauf hindeutet, dass das Verschwinden dauerhaft sein könnte. Bis jetzt wurde Satoshis Identität noch nicht enthüllt, was das Ganze zu einem der größten Rätsel des 21. Jahrhunderts macht.

Wer kontrolliert Bitcoin?

Es gibt keine zentrale Autorität, die Bitcoin kontrolliert. Es gibt keinen CEO, keinen Vorstand und kein kontrollierendes Unternehmen. Eine der stärksten Eigenschaften von Bitcoin ist, dass sein Schöpfer nicht mehr involviert ist.

Es gibt Tausende von Validatoren auf der ganzen Welt, die die Bitcoin-Blockchain verifizieren und die komplette Geschichte der Bitcoin-Transaktionen speichern. Diese Prüfer werden *Fullnodes* genannt.

Wie in Kapitel zwei beschrieben, konkurrieren Miner auf der ganzen Welt, um Blöcke zu produzieren. Diese Blöcke werden von den Fullnodes validiert. Die Software, die zum Betrieb dieser Fullnodes verwendet wird, wird von Bitcoin-Entwicklern geschrieben. Und natürlich werden die Transaktionen innerhalb dieser Blöcke von den Nutzern von ihren Börsen, Wallets oder Zahlungsprozessoren initiiert. All diese Teilnehmer sind essenziell für das Funktionieren von Bitcoin, aber keiner von ihnen *kontrolliert* Bitcoin.

Wenn ein Entwickler beschließt, eine Fullnode-Software zu erstellen, die radikal anders ist, werden nur wenige diese Software laufen lassen. Wenn ein Miner versucht, einen neuen Block mit Transaktionen einzuschleusen, die nicht den Validierungsanforderungen entsprechen, werden die Fullnodes diesen Block ablehnen. Wenn Miner einen Putschversuch unternehmen, um dem Netzwerk neue Funktionen aufzuzwingen, werden sie scheitern, da sie die Nutzer nicht zwingen können, Software zu benutzen, die sie nicht wollen.

Daher erfordert jede Veränderung in Bitcoin einen Konsens. In diesem Sinne ähnelt das Bitcoin-Governance-Modell einer Demokratie mit gegenseitigen Kontrollmechanismen. Die Miner fungieren wie die Exekutive der Regierung, sie kümmern sich um den Betrieb und setzen die Regeln durch;

die Entwickler sind wie die Legislative, sie entwickeln und verabschieden neue Gesetze; die Nutzer sind wie die Judikative, sie stellen sicher, dass die anderen beiden Zweige nichts Verfassungswidriges tun.

Ist Bitcoin nicht zu volatil?

Bitcoin hat seit seiner Entstehung im Jahr 2009 eine enorme Volatilität erlebt. Über einen längeren Zeitraum betrachtet, hat Bitcoin seitdem erheblich an Wert gewonnen, von weniger als 0,001 US-Dollar auf mehr als 67.000 US-Dollar zum Zeitpunkt der Erstellung dieser Zeilen. Wie in Kapitel 3 erklärt, haben mehrere Faktoren den Preis langfristig nach oben getrieben und werden dies wahrscheinlich auch weiterhin tun.

Satoshi Nakamoto hat die Geldpolitik von Bitcoin von Anfang an festgelegt. Keine einzelne Person oder Gruppe kann beschließen, mehr Bitcoin zu schaffen oder den Ausgabeplan zu ändern, da die Fullnodes eine solche Änderung ablehnen werden.

Infolgedessen wird Bitcoin anfälliger für Marktmanipulationen sein, da es keinen Interventionsmechanismus der Zentralbank gibt. Eine Zentralbank kann neues Geld drucken oder mehr eigenes Geld zurückkaufen, um die Preisstabilität zu erhalten. Als dezentralisierte Währung ohne korrigierende Regulatoren wird sie weiterhin Volatilität erfahren, während sie auf der ganzen Welt verbreitet wird.

Die wirtschaftliche Realität ist folgende: Währungen müssen sich zwischen kurzfristiger Preisstabilität durch Zentralisierung oder dem Potenzial für eine langfristige Wertsteigerung durch Dezentralisierung entscheiden. Satoshi Nakamoto wählte die Dezentralisierung.

Am wichtigsten ist, dass die Volatilität von Bitcoin nicht verhindert hat, dass es als ein finanzielles Werkzeug für Menschen, die in kaputten Finanzsystemen gefangen sind, einen gewaltigen Wert in der realen Welt hat. Zu den Anwendungsfällen für Bitcoin gehört die Flucht vor Sanktionen, Hyperinflation, Kapitalkontrollen und Überwachung. Im Moment ist die tägliche Volatilität ein Kompromiss, den die Besitzer bereit sind zu zahlen.

Wodurch wird der Wert von Bitcoin gestützt?

Die kurze Antwort ist, dass Menschen hinter Bitcoin stehen. Genug Investoren kaufen Bitcoin, also hat er einen Wert. Siehe Kapitel drei für eine detaillierte Erklärung, was Bitcoin seinen historisch steigenden Preis verleiht. Es gibt eine globale Nachfrage nach Bitcoin als Vermögenswert, der knapp ist, einen Nutzen hat und als Technologie Dinge tut, die kein anderes Finanzinstrument tun kann.

Wie kann Bitcoin vertraut werden?

Die moderne Welt ist voll von komplexen Systemen oder Geräten, die nicht vollständig verstanden werden, denen man aber dennoch vertraut. Gesundheitsvorsorge wird für Menschen angeboten, die keine Ärzte sind. Wettervorhersagen werden für Nicht-Meteorologen veröffentlicht. Laptops werden von Menschen benutzt, die keine Elektroingenieure sind. Reisende müssen die Aerodynamik nicht verstehen, um in Flugzeugen zu reisen.

Die Standards für das Vertrauen in neue Geldsysteme sollten strenger sein, denn es gibt häufige Missbräuche dieses Vertrauens, von denen viele in diesem Buch dokumentiert wurden. Letztendlich wird aber kein Fachwissen notwendig sein, um Bitcoin zu nutzen und zu vertrauen. Schließlich wird das Senden und Empfangen von Bitcoin so einfach sein wie das Senden und Empfangen einer E-Mail. Für den Moment sollten diejenigen, die an Bitcoin interessiert sind, auf jeden Fall ihre eigenen Nachforschungen anstellen. Viele gute Informationsquellen sind im Abschnitt «Zusätzliche Ressourcen» in diesem Buch aufgelistet, darunter der Bitcoin-Core-Quellcode, andere Bücher, Websites und Podcasts.

Wie zuverlässig ist Bitcoin?

Bei richtiger Verwendung ist Bitcoin viel sicherer, robuster und privater als jeder zentralisierte Zahlungsprozessor. Zum Beispiel haben MasterCard und Visa von Zeit zu Zeit Ausfälle. Bitcoin war 99,98 % seiner Geschichte seit dem Start im Januar 2009 voll funktionsfähig. Kreditkartenunternehmen verkaufen auch regelmäßig Kundendaten und werden gehackt. Bitcoin kann keine Informationen über seine Nutzer verkaufen, weil es niemanden gibt, der die Kontrolle darüber hat. Im Gegensatz zu Zahlungsabwicklern und vielen Banken wurde Bitcoin nicht mehr ernsthaft gehackt, seit der Preis 2010 über 0,10 US-Dollar gestiegen ist. Niemandem wurden jemals Coins auf der Netzwerkebene gestohlen. Dies ist eine bemerkenswerte Erfolgsbilanz.

Wieso wurden so viele Bitcoin-Börsen gehackt?

Kryptowährungsbörsen sind sehr beliebt, sowohl als Ort für Investoren, die zum ersten Mal Bitcoin kaufen, als auch als Ort für Spekulanten, die Bitcoin gegen Fiatwährung oder andere Kryptowährungen handeln. Infolgedessen halten die Börsen große Mengen an Bitcoin und Fiat im Namen ihrer Kunden, was sie zu attraktiven Zielen für Hacker und Diebe macht. Verwahrungsdienste speichern auch Kopien von Personalausweisen, Pässen und Wohnadressen ihrer Kunden als Teil ihrer KYC-Verfahren («Know Your Customer»).

Angriffe können sowohl von innen als auch von außen erfolgen. Interne Angriffe können von Mitarbeitern kommen, die privilegierten Zugang zum System der Börse haben und diesen nutzen, um Kundengelder zu stehlen. Externe Angriffe werden von Hackern durchgeführt, die Software-Schwachstellen, schwache operative Sicherheit und Social Engineering nutzen, um Bitcoins zu stehlen.

Viele Börsen wurden sowohl von innen als auch von außen angegriffen. Nur ein paar Beispiele sind Mt.Gox in Japan, Bitfinex in Hongkong, Bitstamp in der EU und vor kurzem (Februar 2019) Quadriga in Kanada. Jeder dieser Hacks führte zu verlorenen Bitcoins im Wert von Millionen von US-Dollar. Diese Hacks stehen als starke Warnung für Nutzer, die jemand anderem erlauben, ihre Bitcoins in Verwahrung zu nehmen. Kunden, die an Börsen handeln, können ihre Bitcoins regelmäßig in persönliche Wallets abheben, um mögliche Verluste durch Hacks zu vermeiden.

Nutzen Kriminelle Bitcoin zur Geldwäsche?

Ja. Kriminelle haben Bitcoin zur Geldwäsche und für illegale Aktivitäten genutzt und werden dies auch weiterhin tun. Der berühmteste Fall ist die Silk Road, ein Darknet-Marktplatz, auf dem Bitcoin zum Kauf und Verkauf von Drogen verwendet wurde, die in den Vereinigten Staaten als illegal gelten.

Da Bitcoin eine erlaubnisfreie Technologie ist, kann jeder sie wie das Mobiltelefon oder das Internet nutzen. Nur wenige stellen heute die Legitimität dieser allgegenwärtigen Technologien in Frage oder fordern ihr Verbot, weil schlechte Akteure sie nutzen. Viele Menschen stehen den Technologien mit feindseliger Skepsis gegenüber, wenn sie zum ersten Mal auftauchen.

In jedem Fall wird die absolute Mehrheit der Finanzkriminalität in der heutigen Welt unter Nutzung des bestehenden

Finanzsystems über regulierte Banken und Geldtransmitter durchgeführt. Der überwiegende Teil des Betrugs wird von Regierungen und multinationalen Konzernen begangen, nicht von schurkischen Individuen. Demokratische Regierungen haben Anti-Geldwäsche-Regeln (AML) eingeführt, um Banken unter Druck zu setzen, bestimmte Transaktionen zu unterbinden, dennoch werden weiterhin jedes Jahr mehr als eine Billion US-Dollar durch das Bankensystem gewaschen. Um ein Beispiel zu nennen, wurde vor einiger Zeit (2017-2018) bekannt, dass ein einziges Büro der Danske Bank in Dänemark unglaubliche 230 Milliarden US-Dollar gewaschen hat, was mehr ist als der Marktwert aller Bitcoins, die zum Zeitpunkt des Schreibens im Umlauf sind.

Obwohl also Kriminelle Bitcoin benutzen, bevorzugen sie das Fiatgeldsystem.

Ist Bitcoin ein Schneeballsystem?

Ein Ponzi-Schema verspricht Investoren große Gewinne bei sehr geringem Risiko. Schneeballsysteme erzielen diese Renditen für ihre frühesten Investoren, indem sie sie mit dem Geld bezahlen, das sie von späteren Investoren sammeln. Es gibt keinen wirklichen Mechanismus zur Gewinnerzielung, abgesehen davon, dass man versucht, so viele neue Investoren wie möglich zu gewinnen, um die vorherigen Investoren auszuzahlen. Diese Systeme brechen zusammen, wenn es keine neuen Investoren mehr gibt, die das Geld einbringen.

Bitcoin ist kein Ponzi-Schema. Es gibt keine Gruppe von Leuten hinter Bitcoin, die versuchen, neue Käufer zu ködern, um alte Käufer auszuzahlen. Leute, die ein Schneeballsystem inszenieren, können jedoch Bitcoin von ihren Anlegern auf die gleiche Weise annehmen, wie sie es mit allen anderen Formen von Geld tun.

Ist Bitcoin eine Blase?

Eine Spekulationsblase entsteht, wenn spekulative Investoren einen finanziellen Vermögenswert massenhaft zu einem Preis kaufen, der weit über das hinausgeht, was durch seinen fundamentalen Wert gerechtfertigt ist. Blasen platzen immer, sobald der Glaube an den Vermögenswert verloren geht und keine anderen Investoren bereit sind, zu dem geforderten Preis zu kaufen. Historische Beispiele sind holländische Tulpen im 17. Jahrhundert, die South Sea Company im 18. Jahrhundert und Dotcom-Aktien in den frühen 2000er-Jahren.

Kapitel drei hat einige der Haupttreiber der Bitcoin-Preisvolatilität beschrieben. Aufgrund der natürlichen Volatilität eines Vermögenswerts mit einer starren Geldpolitik, regelmäßigen Angebotsschocks, der Instabilität und dem Zusammenbruch anderer Kryptowährungen, Marktmanipulationen und der gehebelten Natur des Bitcoin-Trading, gab es mehrere Preisspitzen, auf die erhebliche Abstürze folgten. Dies ist ein Trend, der sich wahrscheinlich fortsetzen wird.

Wenn man den langfristigen Wert, die Preistreiber und die dezentrale Natur von Bitcoin bedenkt, sollte sein Wert natürlich steigen, wenn mehr Menschen ihn nutzen. Im Gegensatz zu Tulpen oder Dotcom-Aktien hat sich der Wert von Bitcoin nach jedem größeren Marktabsturz immer wieder erholt und einen Aufwärtstrend gezeigt, da immer mehr Menschen auf der ganzen Welt Bitcoins erwerben.

Was ist Tether und welchen Einfluss hat es auf Bitcoin?

Tether, oder USDT, ist ein Coin, der an den US-Dollar gekoppelt sein soll. Um dies zu erreichen, beabsichtigte das Unternehmen hinter Tether, jeden im Umlauf befindlichen

Tether-Token mit einem US-Dollar auf dem Bankkonto des Unternehmens zu unterlegen. Dies machte es einfacher, mit Kryptowährungen zu spekulieren, da die meisten Menschen immer noch in Fiat denken. USDT als Stellvertreter für US-Dollar zu haben, hat es jedem auf Krypto-zu-Krypto-Börsen ermöglicht, schnell US-Dollar gegen Bitcoin hin und her zu tauschen.

Im April 2019 enthüllte der General Counsel von Tether jedoch, dass nur 74 % der im Umlauf befindlichen Tether mit US-Dollar unterlegt waren. Wenn Tethers US-Dollarbindung zerbricht, könnte sein Preisverfall kurzfristige Bitcoin-Volatilität verursachen – aber es gibt eine Reihe von Konkurrenten zu Tether, die gut aufgestellt sind, um diese Rolle auszufüllen.

Können Regierungen Bitcoin verbieten oder abschalten?

Da es kein Unternehmen, keine zentral koordinierten Server und kein einzelnes Team gibt, das Bitcoin betreibt, gibt es keine praktische Möglichkeit, das Netzwerk abzuschalten.

Bitcoin ist eine Open-Source-Software, was bedeutet, dass der Quellcode offen im Internet verfügbar ist. Diese Software zu korrumpieren oder zu verändern ist sehr schwierig, weil die Leute zuschauen. Jeder kann die Bitcoin-Software herunterladen, benutzen, kopieren und ausführen und das Kassenbuch validieren. Dies nennt man das Betreiben eines Fullnodes. Je mehr Fullnodes im Netzwerk sind, desto widerstandsfähiger wird Bitcoin.

Regierungen können die Nutzung von Bitcoin erschweren, aber dann wird es zu einem «Whack-a-Mole»- Spiel . Denke an die Praxis des Handels von Fiatwährung gegen Bitcoin in einem Land wie China. Wie in Kapitel eins erwähnt, können Chinesen nur 50.000 US-Dollar pro Jahr aus ihrem Renminbi umtauschen, aber sie benutzen weiterhin Bitcoin, um Geld ins Ausland zu transferieren.

Selbst ein großer, wohlhabender Polizeistaat kann seine Bürger nicht daran hindern, Bitcoin zu nutzen. Da das Bitcoin Netzwerk keinen Single Point of Failure hat, können Regierungen es nicht abschalten.

Bitcoin ist in dieser Hinsicht ähnlich wie das Internet. Eine Regierung kann den Bürgern den Zugang zu Teilen des Internets verwehren, z. B. Chinas Große Firewall, aber zensierte Bürger werden Werkzeuge wie VPNs und Erfindergeist nutzen, um diese Einschränkungen zu umgehen. Keine Regierung kann den Zugang zum Bitcoin-Netzwerk blockieren, ohne den Zugang zum Internet selbst zu unterbinden, ein Preis, den nur wenige Regierungen jenseits von Nordkorea bereit zu sein scheinen, zu tragen.

Autoritäre Regierungen könnten den Besitz von Bitcoin verbieten, aber die Durchsetzung wäre außerordentlich schwierig. Aufgrund seiner digitalen Natur ist es relativ einfach, Bitcoin zu verstecken. Bitcoin auf einem Telefon, auf einem USB-Stick oder sogar in den eigenen Gedanken zu speichern, sind alles Optionen, die sehr schwer zu entdecken und zu bestrafen sind. Im Gegensatz dazu sind Gold, Immobilien, Aktien und Bankkonten für Regierungen relativ leicht zu finden und zu konfiszieren.

Ist Bitcoin legal?

Größtenteils, ja. Im August 2019 ist der Besitz von Bitcoin in allen Ländern außer Namibia, Algerien, Bolivien, Irak, Marokko, Nepal, Pakistan, den Vereinigten Arabischen Emiraten und Vietnam erlaubt. Aus regulatorischer Sicht hat Bitcoin einen weiten Weg zurückgelegt: in den letzten zehn Jahren hat sich Bitcoin von der Betrachtung als Geld von Online-Kriminellen zu einer Anerkennung durch den IWF, Mitglieder des US-Kongresses und der Wall Street entwickelt.

In China hat die Regierung Kryptowährungsbörsen und die Schaffung neuer Token überwacht, aber Bitcoin ist rechtlich als digitales Eigentum anerkannt. Sogar im Iran ist das Bitcoin-Mining jetzt eine legalisierte Industrie.

Auf dem afrikanischen Kontinent haben die Regierungen der meisten Länder keine öffentliche Position. In Orten wie Nigeria und Kenia warnen Beamte vor der Nutzung, aber es gibt keine konkreten Regelungen. Südafrika ist derzeit das einzige afrikanische Land, in dem Bitcoin offiziell akzeptiert und reguliert wird.

In Kanada, den USA und der EU ist der Besitz und die Nutzung von Bitcoin legal.

Einige wenige Länder haben einen speziellen Lizenzrahmen für Unternehmen geschaffen, die Kryptowährungsbörsen betreiben wollen. Dazu gehören Japan, Malta, die Philippinen und Thailand.

Die steuerlichen Auswirkungen sind komplizierter und hängen von der Art und Weise ab, wie jede Regierung Bitcoin klassifiziert. Wenn eine Steuerbehörde Bitcoin als Eigentum betrachtet, dann werden Einzelpersonen entsprechend auf den Erwerb, die Liquidation, die Wertsteigerung und die Abschreibung besteuert, ähnlich wie bei einer Immobilie.

Wenn man in die Zukunft blickt, ist es unwahrscheinlich, dass sich Regierungen auf ein Verbot von Bitcoin einigen können. Selbst wenn es einigen Ländern gelingen würde, ein Verbot auszusprechen, würden andere Länder einspringen und Bitcoin-Miner, Unternehmer und Trader willkommen heißen. Es würde eine Abwanderung von Talenten und Reichtum in diese freundlicheren Länder geben, was die restriktiven Regierungen dazu bringen würde, ihre Politik zu überdenken.

Im Jahr 2021 führte das Land El Salvador Bitcoin sogar, neben dem US-Dollar, als gesetzliches Zahlungsmittel ein. Es wird spannend, zu sehen, welche Auswirkungen das auf die rechtliche und steuerliche Behandlung von Bitcoin in anderen Ländern hat. (Anm. d. Red.: Sachverhalt El Salvador hinzugefügt).

Ist Bitcoin-Mining eine Energieverschwendung oder schlecht für die Umwelt?

Mit Stand vom Juni 2019 verbraucht das Bitcoin-Netzwerk etwa 73 Terawattstunden Strom pro Jahr. Das ist etwas mehr Verbrauch als das Land Österreich (69 Terawattstunden pro Jahr), aber viel weniger als China (6.100 Terawattstunden pro Jahr) und die Vereinigten Staaten (3.900 Terawattstunden pro Jahr), die beiden größten Energieverbraucher.

Kritiker weisen gerne darauf hin, dass dies eine enorme Menge an Energie ist. Das ist zwar technisch richtig, aber es geht nicht darum, ob Bitcoin Energie verschwendet oder schlecht für die Umwelt ist. Die Energiequellen, die Bitcoin-Miner typischerweise nutzen und der Wert, den Bitcoin liefert, können einen gewissen Kontext liefern.

Energieverschwendung mit Bitcoin-Mining verhindern

Das Bitcoin-Mining kann dazu beitragen, dass überschüssige Kapazitäten eine gute Verwendung finden. Mining ist sowohl ein mobiles als auch margenschwaches Geschäft. Daher haben Mining-Unternehmen einen besonders großen Anreiz und die Möglichkeit, physisch nach dem billigsten Strom zu suchen. Häufig befinden sich die günstigsten Energiequellen an abgelegenen oder unzugänglichen Orten, wo es ungenutzte Kapazitäten gibt.

Der Großteil des Bitcoin-Minings fand lange Zeit in China statt, wo die Kraftwerke zusammen kontinuierlich einen Überschuss von 200 Terawattstunden produzieren. Da es nicht möglich ist, so viel Strom zu speichern (die größte Batteriefarm der Welt kann nur etwa 0,5 % dieser Menge aufnehmen) – und da es nicht möglich ist, den Strom effektiv in abgelegene Regionen zu übertragen –, bleibt der Strom normalerweise ungenutzt. Anstatt dieses Potenzial zu verschwenden, können Kraftwerke Bitcoin-Mining-Ausrüstung kaufen und die überschüssige Energie in neue Bitcoins umwandeln. Dies gilt überall dort, wo eine Energiequelle zu viel für die sofortige Nutzung erzeugt.

Die Abhängigkeit des Bitcoin-Minings von erneuerbarer Energie

Der Großteil des Bitcoin-Minings wird heute mit erneuerbarer Energie betrieben, die nur minimale Kosten für die Umwelt verursacht. Nach neuesten Schätzungen werden derzeit etwa 60-75 % des Bitcoin-Minings mit Wasserkraft, Solar-, Wind- und geothermischen Energiequellen betrieben.

Wasserkraftwerke haben eine enorme Energieproduktionskapazität, sind aber oft nicht ausgelastet. Das Bitcoin-Mining nutzt die überschüssige Kapazität, da der Mining-Betrieb direkt neben dem Wasserkraftwerk platziert werden kann, wodurch die Übertragungskosten entfallen. Die generierten Einnahmen machen die Produktion und Erforschung von Wasserkraft profitabler und ermutigen zu ihrer Nutzung. Auf diese Weise subventioniert das Bitcoin-Mining die Wasserkraft.

Mining kann auch Anreize für mehr Solar-, Wind- und geothermische Energieproduktion schaffen.

Bitcoin-Mining ermöglicht sicheres, zugängliches Geld

Bitcoin-Miner sorgen für die Sicherheit des Netzwerks. Wie in Kapitel zwei besprochen, macht der Strom, den die Miner benötigen, um nach seltenen Proof-of-Work-Zahlen zu suchen, um gültige Blöcke vorzuschlagen, Betrug sehr kostspielig. Je mehr Bitcoin-Mining es gibt, desto schwieriger ist es, das Netzwerk anzugreifen. Die Energie, die verwendet wird, um das Datenregister zu sichern, kann mit den Kosten für die Erstellung und Wartung eines Hochsicherheitstresors verglichen werden, der 900 Milliarden US-Dollar an Vermögenswerten schützt.

Bitcoin mag nur eine von vielen finanziellen Optionen für diejenigen sein, die in der Ersten Welt leben, aber in anderen Teilen der Welt sind Zahlungsdienste wie Venmo oder ApplePay nicht verfügbar. Bitcoin-Mining als Energieverschwendung abzutun, verkennt den Nutzen, den Bitcoin für die technologische Unterschicht hat. Ein Teil dieser Energie geht in die Verarbeitung von Transaktionen für Menschen, die keine Bankkonten oder Ausweise haben, oder die nicht wollen, dass ihre finanziellen Aktivitäten von Regierungen genauestens überwacht werden. Banken und Kreditkarten mögen den Nutzen von Bitcoin an einem Ort wie den Vereinigten Staaten übertreffen, aber sie bringen nichts für einen Wanderarbeiter ohne Bankkonto in Dubai oder einen Iraner, der unter UN-Sanktionen lebt.

Energiebedarf und technologische Innovation

Bitcoin ist eine große technische Innovation, die viele der in diesem Buch beschriebenen Dinge ermöglicht, die das aktuelle Geldsystem nicht leisten kann. Historisch gesehen verbrauchen neue Technologien mehr Energie als alte Systeme, die sie verdrängen. Betrachte zum Beispiel die Verdrängung des Pferdes durch das Auto, des Feldzeltes durch das moderne

Krankenhaus, der Handwäsche durch eine Waschmaschine, des Eiskastens durch den Kühlschrank und der Öllampen durch elektrische Lampen. Die Stromkosten der technischen Innovation werden durch die verbesserte Lebensqualität, die sie ermöglicht, ausgeglichen. Je weiter die Zivilisation fortschreitet, desto mehr Energie wird pro Individuum genutzt. Innovation verbessert die Gesellschaft, und keine Innovation wird ohne Kompromisse angenommen. Die Kompromisse bei Bitcoin sind der Stromverbrauch im Gegenzug für ein faires, bequemes und sicheres Geldsystem. Bitcoin verbraucht eine Menge Energie, treibt aber die Innovation für erneuerbare Energien voran. Bitcoin bietet einen enormen Wert, besonders für die Armen und Unterdrückten, und ersetzt ein fehlerhaftes, älteres System, das sogar noch mehr Energie verbraucht.

Was ist, wenn jemand mit einem Supercomputer oder Quantencomputer das Bitcoin-Netzwerk hackt?

Theoretisch kann das Bitcoin-Netzwerk von einem Angreifer mit genügend Rechenleistung kompromittiert werden. In der Praxis ist das sehr schwer umzusetzen.

Mit aktueller Hardware muss ein Angreifer eine Mining-Anlage für mehr als eine Milliarde US-Dollar finanzieren, bauen und betreiben und dann einen Energieversorger mit einer Leistung finden, die acht Hoover-Staudämmen entspricht. Die gleichen Ressourcen, wenn man sie für ehrliches Bitcoin-Mining einsetzt, wären ein extrem profitables Geschäft. Ein solcher Angriff ist daher wirtschaftlich irrational.

Zum jetzigen Zeitpunkt sind diese Dinge auf das Quantencomputing zutreffend:

1. Quantencomputer sind im Vergleich zu herkömm-
   lichen Computern um viele Größenordnungen lang-
   samer.

2. Quantencomputer sind extrem teuer in der Herstellung und werden noch eine ganze Weile lang kostspielig sein.

3. Die bekanntesten Quantenalgorithmen sind ein signi-
   fikanter Fortschritt, aber sie würden immer noch viele
   Milliarden Computer benötigen, die für Milliarden
   von Jahren laufen, um die in Bitcoin verwendete Kryptographie zu knacken.

Selbst wenn Wissenschaftler neue Quantenalgorithmen
entdecken würden, die die moderne Kryptographie brechen
könnten, würde die quantensichere Kryptographie dann in
Bitcoin eingebaut werden.

Mit anderen Worten: Bitcoins Nutzer und die Entwicklergemeinschaft wären in der Lage, allen Quantenangreifern
einen Schritt voraus zu sein. Während die Bitcoin-Community
wachsam gegenüber groß angelegten Angriffsmöglichkeiten
sein sollte, muss sich der durchschnittliche Bitcoin-Nutzer
keine Sorgen machen.

Wie kann Bitcoin dezentral bleiben?

Eine der wichtigsten Eigenschaften von Bitcoin ist, dass
jeder auf der Welt eine vollständige Kopie des gesamten
Bitcoin-Ledgers herunterladen kann – jede einzelne Transaktion, die jemals im Netzwerk getätigt wurde – und selbst
überprüfen kann, ob die historische Aufzeichnung korrekt ist.

Wie in Kapitel zwei beschrieben, nennt man diese Praxis
das Betreiben eines Fullnodes. Die Leichtigkeit, mit der ein
Fullnode betrieben wird, ist entscheidend für die allge-

meine Zensurresistenz des Bitcoin-Netzwerks. Wenn sich das Bitcoin-Netzwerk auf eine Handvoll Firmen oder eine kleine Gruppe reicher Leute verlassen würde, die Fullnodes betreiben, könnten sie sich absprechen und die Aufzeichnungen bearbeiten oder Coins stehlen. Jeder Nutzer kann, indem er einen Fullnode betreibt, alles verifizieren und muss keinem anderen vertrauen. Wenn man teure Serverausrüstung oder schnelle Internetverbindungen benötigt, um einen Fullnode zu betreiben, würde dies ärmere Menschen dazu zwingen, anderen zu vertrauen. Das Netzwerk würde sich auf natürliche Weise um Standorte in der Ersten Welt und High-Tech-Unternehmen konzentrieren.

Glücklicherweise sind die Anforderungen für den Betrieb eines Fullnodes sehr gering, so dass viele Tausende von Nutzern auf verschiedenen Kontinenten, die sich gegenseitig völlig unbekannt sind, die Bitcoin-Blockchain laufend verifizieren. Außerdem sind zunehmend benutzerfreundliche Hardware Fullnodes auf dem Markt verfügbar, so dass der Betrieb eines Fullnodes zu Hause auch für nicht-technische Nutzer zugänglich ist. Derzeit helfen mehrere Wissenschaftler an Institutionen wie dem MIT und Stanford dabei, Wege zu entwickeln, wie jeder in Zukunft einen Fullnode auf seinem Handy betreiben kann, was die Dezentralisierung des Bitcoin-Netzwerks weiter verbessern würde

Schützt Bitcoin die Privatsphäre?

Ein beliebter Irrglaube ist, dass Bitcoin anonym ist. Bitcoin ist pseudonym und mit genug Detektivarbeit und forensischer Analyse können die Transaktionen und die Identität eines Nutzers miteinander verbunden werden. Mit der richtigen operativen Sicherheit kann ein versierter Bitcoin-Nutzer Transaktionen so weit verschleiern, dass eine Überwachung schwierig wird. Mit genügend Zeit und Ressourcen kann ein motivierter Staat oder ein Unternehmen jedoch immer noch einen Nutzer ausfindig machen.

Abgesehen davon bietet Bitcoin eine viel bessere Privatsphäre für Transaktionen als bestehende Zahlungssysteme. Online-Einkäufe können mit Bitcoin getätigt werden, ohne dass private Daten wie der Name, das Bankkonto oder die Adresse einer Person preisgegeben werden müssen. Das ist eine Verbesserung gegenüber dem bestehenden Bankensystem, in dem Regierungen, Unternehmen und Händler täglich private Daten verlangen und diese dann teilen, verkaufen oder weitergeben.

Laufende und geplante Verbesserungen an Bitcoin, wie das Lightning Network, Taproot, Graftroot und Schnorr-Signaturen, werden private Bitcoin-Transaktionen wahrscheinlich insgesamt billiger und einfacher machen. Bitcoin hat das Potenzial, eine exzellente Datenschutztechnologie zu sein, die eine massenhafte finanzielle Überwachung extrem erschwert.

Das Internet war einst komplett offen und publik. Als Nutzer und Unternehmen mehr private Transaktionen benötigten, fügten Ingenieure Schichten der Privatsphäre dem ursprünglichen Internet hinzu. Private Kommunikation ist nun durch Apps möglich, die automatisch verschlüsselte Nachrichten versenden. Bitcoin folgt einem ähnlichen Weg.

Wie kann Bitcoin die Bedürfnisse von sieben Milliarden Menschen erfüllen?

Als Wissenschaftler 1989 das World Wide Web erfanden, um das Internet zu nutzen, schien die Idee, dass Nutzer eines Tages Fotos oder gar Videos austauschen könnten, technisch unmöglich. Mit der Verbesserung und Weiterentwicklung der Technologie hat das Internet skaliert, um einst undenkbare, ressourcenintensive Anwendungen wie Video-Sharing und Konferenzen zu ermöglichen. 300 Stunden Video werden jede

Minute auf YouTube hochgeladen und fünf Milliarden Videos werden jeden Tag angeschaut. Genau wie beim Internet gibt es viele Möglichkeiten, Bitcoin zu skalieren.

Wie in Kapitel vier besprochen, werden die Kapazitäten von Bitcoin derzeit durch das Lightning Network erweitert. Neben der Verbesserung der Transaktionssicherheit skaliert Lightning auch das Bitcoin-Netzwerk.

Lightning kann Millionen von Bitcoin-Transaktionen pro Sekunde verarbeiten. Bitcoin ist auf dem besten Weg, exponentiell zu skalieren, während traditionelle Zahlungsnetzwerke wie Visa linear skalieren, indem sie mehr und mehr Server hinzufügen. Bitcoin könnte das Geld revolutionieren und völlig neue Produkte ermöglichen, indem es Mikrozahlungen mit einer Granularität von nur einem Tausendstel (1/1000) Satoshi pro Zahlung ermöglicht.

Durch eine Kombination aus vorsichtigen, langsamen, ultra-sicheren und zensurresistenten gelegentlichen *On-Chain-Transaktionen* und gebündelten, sofortigen und billigen Transaktionen auf Lightning kann Bitcoin ein vollwertiges globales Zahlungssystem werden. Dies ist eine Vision, die es wert ist, verfolgt zu werden, da es die Macht über die Finanzen aus den Händen der Regierungen und Konzerne nehmen und sie zurück in die Hände der Menschen legen würde.

Auch wenn es heute schwer vorstellbar ist, dass Bitcoin die Bedürfnisse von Milliarden von Menschen erfüllt, ist es nicht weniger abwegig, als es einst das Streaming von Videos für Milliarden von Zuschauern im Internet war.

Gibt es eine extreme Vermögensungleichheit in Bitcoin?

Menschen, die sich früh mit Bitcoin beschäftigt haben, hatten zwar die Möglichkeit, eine Menge Bitcoin anzuhäufen.

Die Blockchain zeigt jedoch, dass viele Early Adopters von 2009 bis 2012 ihre Bitcoins im gleichen Zeitraum auch wieder verkauft haben. Viele Käufer, die 2011 für 1 US-Dollar gekauft haben, verkauften einige Monate später für 4 US-Dollar oder 30 US-Dollar kurz danach.

Viele Early Adopters hatten nicht den Mut, die extreme Volatilität und Ungewissheit der Anfangszeit durchzustehen, oder sie verloren ihre privaten Schlüssel, wodurch ihre Bitcoins dauerhaft verloren sind. Diejenigen, die durchgehalten haben, haben das Ökosystem von Anfang an unterstützt und glauben wirklich an das Potenzial von Bitcoin, die Welt zu verändern. Heute gibt es ein paar tausend Adressen, die den Großteil der Bitcoins speichern. Einige sind Einzelpersonen, die jetzt extrem reich sind. Die meisten sind Unternehmen, die solche Adressen nutzen, um das Vermögen von Zehntausenden ihrer Kunden zu speichern (z. B. Coinbase, Binance). Da es keine Eins-zu-eins-Korrelation zwischen Adressen und Nutzern gibt, ist es schwer zu sagen, wie die Verteilung des Reichtums aussehen könnte.

Bitcoin wird die wirtschaftliche Ungleichheit nicht lösen. Jeder, der das behauptet, lügt. Aber als universell zugängliches Wertaufbewahrungsmittel, das nicht von Regierungen entwertet werden kann, gibt Bitcoin den Sparern eine faire Chance, das, was sie verdienen, auch im Alter zu behalten – anders als das aktuelle Geldsystem.

Wenn es nur 21 Millionen Bitcoins gibt, wie kann dann die ganze Welt sie nutzen?

Traditionelle Fiatwährungseinheiten sind typischerweise in 100 Untereinheiten unterteilt, die Pennies oder Cents genannt werden. US-Dollar und Euro können in 100 Cents unterteilt werden, Renminbi in zehn Jiao oder 100 Fen und die Tschechische Krone in 100 Heller.

Bitcoins hingegen können in 100.000.000 (einhundert Millionen) kleinere Einheiten unterteilt werden. Die atomare Einheit von Bitcoin ist ein sogenannter Satoshi (oder kurz Sat), benannt nach dem Erfinder von Bitcoin.

Somit beträgt das Gesamtangebot an Bitcoin 2.100.000.000.000.000 Satoshis. Zum Vergleich: Das ist teilbarer als der US-Dollar, dessen M2-Geldmenge (2019) 1.500.000.000.000.000 Cents beträgt. Die Teilbarkeit von Bitcoin ist gleich oder besser als die des US-Dollars.

Wenn man alle existierenden Satoshis unter sieben Milliarden Menschen aufteilt, erhält man 300.000 Satoshis pro Person. Das scheint genug Teilbarkeit zu sein, um die wirtschaftlichen Aktivitäten jedes Einzelnen zu befriedigen, sollte Bitcoin das dominierende Geld der Welt werden.

Wie kann ich mir Bitcoins leisten? Der Preis ist so hoch!

Bitcoin ist teilbar, daher ist es möglich, einen kleinen Bruchteil eines Bitcoins zu kaufen – 5 Euro oder 25 Euro im Gegenwert von Bitcoin entsprechen derzeit ungefähr 0,0001 Bitcoin bzw. 0,0005 Bitcoin.

Wie kann ich Bitcoins erwerben?

Die primären Möglichkeiten, Bitcoin zu erhalten, sind:

1. Mining
2. Kaufen
3. Verdienen

Mining

Zum aktuellen Zeitpunkt der Bitcoin-Historie ist das Mining ein sehr umkämpfter Markt mit sehr geringen Margen. Ähnlich wie beim Goldschürfen erfordern die Ausrüstung, die Industriekontakte und das spezielle Wissen, um profitabel zu schürfen, jahrelange Erfahrung und Millionen von US-Dollar an Kapital. Daher ist das Mining zu einer Domäne von Unternehmen und Organisationen mit bedeutenden Ressourcen und Know-how geworden und es ist für unerfahrene Individuen nicht praktikabel, profitabel zu minen. Für neue Nutzer ist es billiger, Bitcoin zu kaufen oder zu verdienen als zu minen.

Kaufen

Es gibt mehrere Möglichkeiten, Bitcoin zu kaufen, einige sind privater als andere. Bitcoin-Geldautomaten und Peer-to-Peer-Handel sind schnell und relativ privat.

Investoren können sich bei Onlinebörsen anmelden, von denen viele unter *Zusätzliche Quellen* aufgelistet sind. Neue Kunden müssen ihre persönlichen Daten angeben, und der Genehmigungsprozess dauert zwischen ein paar Minuten und ein paar Tagen. Diese Unternehmen agieren wie Banken und verwahren die Bitcoins und Euros ihrer Kunden. Die Nutzung dieser Dienste bedeutet also, dass man etwas Privatsphäre aufgeben muss, aber die Kunden können sich das Eigentum an ihren Bitcoins sichern, indem sie diese von den Diensten auf ihre persönlichen Wallets auszahlen lassen.

Verdienen

Mit einer Bitcoin- oder Lightning-Wallet kann jeder direkt Bitcoins als Bezahlung für Waren oder Dienstleistungen erhalten. Mitarbeiter können Bitcoin-Lohnservices nutzen, um einen Teil ihres Lohns in Bitcoin statt in Fiat zu erhalten.

Wie benutze ich eine Bitcoin-Wallet?

Es gibt viele verschiedene Arten von Bitcoin-Wallets, darunter Hardware-, Desktop-, Mobile- und Online-Wallets. Jede von ihnen bietet unterschiedliche Vorteile in Bezug auf Sicherheit, Komfort und Privatsphäre, die der Nutzer studieren sollte.

Ein einigermaßen sicherer Weg, Bitcoin zu speichern, ist über eine nicht-verwahrende Wallet, die unter Hardware-Wallets in Zusätzliche Quellen aufgeführt sind. In der Zwischenzeit ist der bequemste Weg, eine kostenlose Mobile-Wallet herunterzuladen, von denen einige unter Wallets aufgelistet sind.

Nach dem Herunterladen ist der erste Schritt bei der Einrichtung einer Bitcoin-Wallet die Erstellung eines Backups. Dieses Backup wird als Seed Phrase bezeichnet und verwendet, um die Wallet wiederherzustellen, sollte sie verloren gehen. Die Seed Phrase ist eine Liste von Wörtern, die typischerweise auf ein Stück Papier geschrieben wird. Da eine Seed Phrase verwendet werden kann, um die Wallet wiederherzustellen, muss sie sorgfältig gesichert werden. Stelle dir diese Seed Phrase wie einen Goldbarren oder einen Diamanten vor. Die Seed Phrase hat einen erheblichen Wert und muss entsprechend geschützt werden. Während das Ökosystem wächst, haben sich neue Wallets darauf konzentriert, die Komplexität zu verringern und gleichzeitig die Benutzerfreundlichkeit, Sicherheit und Privatsphäre zu verbessern.

Sobald eine Wallet eingerichtet ist, kann sie einzigartige Adressen für jede neue Zahlung generieren. Dies unterscheidet sich von der Art und Weise, wie übliche Bankzahlungen funktionieren, wo einem Kunden typischerweise nur eine Kontonummer angeboten wird. Bitcoin bringt eine bessere finanzielle Privatsphäre mit sich, indem einzigartige Adressen vergeben werden, die alle zur gleichen Bitcoin-Wallet gehören.

Wie im Abschnitt «Warum wurden so viele Bitcoin-Börsen gehackt?» erwähnt, sind Investoren, die Depotdienste nutzen, dem Risiko ausgesetzt, dass die Exchanges gehackt werden. Das Abheben von Geldern auf persönliche Wallets nach dem Kauf mindert dieses Risiko.

Zusätzliche Quellen

Das Bitcoin Whitepaper

Bitcoin: A Peer-to-Peer Electronic Cash System von Satoshi Nakamoto ist das ursprüngliche Meisterwerk, das die Finanzinnovation der letzten zehn Jahre in Gang gesetzt hat.

Quellcode

Bitcoin Core ist der Quellcode für Bitcoins Referenz-Fullnode-Software. Ursprünglich von Satoshi Nakamoto erstellt, hat Bitcoin Core Beiträge von über 500 Entwicklern aus der ganzen Welt.

Bücher

Das Internet des Geldes (Vol. 1 & 2) von Andreas M. Antonopoulos ist ein tiefes Eindringen in das «Warum» von Bitcoin in einer Reihe seiner Essays und Vorträgen.

Programming Bitcoin von Jimmy Song ist ein praktischer technischer Leitfaden von einem der führenden Lehrmeister in Sachen Bitcoin-Programmierung für Entwickler, die daran interessiert sind, mit der Technologie zu bauen und zu ihr beizutragen.

Der Bitcoin-Standard von Saifedean Ammous bietet eine wirtschaftliche Geschichte des Geldes und eine Erklärung, wie Bitcoin eine Alternative zum Zentralbankwesen bietet.

Bitcoin entdecken von Yan Pritzker ist eine Schritt-für-Schritt-Anleitung, wie Bitcoin funktioniert, wobei nicht mehr als ein mathematischer Hintergrund auf Realschul-Niveau notwendig ist.

Bitcoin begreifen von Kalle Rosenbaum ist eine vollständig illustrierte Anleitung, wie Bitcoin funktioniert.

Bitcoingeld: Eine Geschichte über die Entdeckung von gutem Geld in Bitdorf von The Bitcoin Rabbi ist ein Kinderbuch mit farbenfrohen Charakteren, das Kindern hilft, etwas über Bitcoin zu lernen.

Mastering Bitcoin: Programming the Open Blockchain von Andreas M. Antonopoulos ist ein umfassender Leitfaden zur Programmierung für und mit Bitcoin.

Websites & Publikationen

Bitcoin.org enthält hilfreiche Informationen über den Einstieg, zusammen mit Dokumentation und Links zu anderen Ressourcen. Die Nutzung von Bitcoin.com wird nicht empfohlen, da die Website absichtlich andere Kryptowährungen mit BTC verwechselt, um Kunden dazu zu bringen, diese stattdessen zu kaufen.

Aprycot Media (DE) ist ein Bitcoin-Verlag aus Deutschland, der sich auf Bücher, aber auch wichtige Info-Artikel und Medien fokussiert hat, die größtenteils kostenlos verfügbar sind.

Blocktrainer (DE) ist ein deutschsprachiger YouTube-Kanal mit haufenweise Erklärvideos und Anleitungen für Einsteiger.

BTC21.de (DE) ist ein News- und Info-Portal, das rund um Bitcoin berichtet und vor allem in technischen Dingen Hilfestellung bietet.

Bitcoin.page (EN) ist eine wahre Fundgrube an Bildungsressourcen und Informationen über Bitcoin, sorgfältig kuratiert von Jameson Lopp.

Bitcoin Wiki (EN) ist eine öffentliche Ressource für die Gemeinschaft der Bitcoin-Nutzer, Entwickler, Unternehmen und alle, die sich für Bitcoin interessieren.

Coin Center (EN) ist eine in den USA ansässige Non-Profit-Organisation, die sich auf die politischen Themen rund um Bitcoin und andere Kryptowährungen konzentriert. Sie veröffentlichen ständig aufschlussreiche Erklärungen in einfacher Sprache zu verschiedenen Themen.

Bitcoinmining.com (EN) bietet Ressourcen zum Mining von Bitcoin; wie es funktioniert, wie man anfängt und eine Liste von Hardwarevergleichen.

Global Coin Research (EN) konzentriert sich auf Kryptowährungstrends zwischen den Vereinigten Staaten und Asien.

Podcasts

Einundzwanzig (DE) ist ein Bitcoin-Podcast mit wachsender Community, der News, Interviews und Gespräche zum Thema Bitcoin veröffentlicht.

Bitcoin verstehen (DE) ist ein Bitcoin-Podcast der Einsteiger an die Hand nimmt und Grundlagen aufschlüsselt.

Honigdachs (DE) ist der älteste deutsche Bitcoin-Podcast aus Leipzig.

Tales from the Crypt (EN) ist ein Podcast, der von Marty Bent moderiert wird und in dem er mit interessanten Menschen über Bitcoin diskutiert.

What Bitcoin Did (EN) ist eine Sendung, in der Peter McCormack führende Persönlichkeiten der Bitcoin Community interviewt.

The Stephan Livera Podcast (EN) ist ein Podcast, der sich auf lehrreiche Interviews und Diskussionen über die Wirtschaft und Technologie von Bitcoin konzentriert.

Noded (EN) ist ein Podcast, der von Michael Goldstein und Pierre Rochard moderiert wird und sich auf neue technische Entwicklungen von Bitcoin konzentriert.

Online-Börsen

Haftungsausschluss: Obwohl in diesem Abschnitt bestimmte Seiten, Apps oder Dienste innerhalb des Bitcoin-Ökosystems erwähnt werden, sollte dies nicht als Befürwortung oder Investitionsberatung ausgelegt werden. Wie bei anderen Teilen dieses Buches wird der Leser ermutigt, seine eigenen Nachforschungen anzustellen.

Fiat-zu-Krypto

Kraken – US- und EU-Börse, gestartet 2014
Bison – Börse mit Sitz in Deutschland
Bitpanda – Börse mit Sitz in Österreich/Berlin

Krypto-zu-Krypto

Binance – Börse mit Sitz in Malta, gestartet 2017
BitMex – Börse mit Sitz auf den Seychellen, gestartet 2014
Bittrex – US-Börse, gestartet 2016

Peer-to-Peer-Marktplätze

LocalBitcoins – finnischer Bitcoin-Marktplatz, gestartet im Jahr 2012

Paxful – US-Bitcoin-Marktplatz, gestartet 2015
Bisq – ein auf Datenschutz fokussierter Marktplatz,
gestartet 2014

Wallets

Custodial (Kunden haben keine Kontrolle über ihre privaten
Schlüssel)

Wallet of Satoshi
Coinbase
Blockchain.info

Non-Custodial (Kunden kontrollieren ihre privaten
Schlüssel)

BlueWallet – iOS/Android-Wallet
Phoenix – iOS/Android-Wallet für das Lightning Netz-
werk
Bitcoin Core – Desktop-Wallet
Casa Keymaster – Android und iOS Multisig-App mit
Hardware-Wallet-Unterstützung
Samourai – Android-Wallet
Wasabi – Desktop-Wallet

Hardware (Kunden kontrollieren ihre privaten Schlüssel)

ColdCard
BitBox02
Trezor
Ledger

Fullnode-Lösungen

RaspiBlitz – Bitcoin- und Lightning-Fullnode von Fulmo
Nodl – Bitcoin- und Lightning-Fullnode
Umbrel – Do-It-Yourself Bitcoin- und Lightning-Fullnode

Glossar

Adresse – Ähnlich wie eine Bankkontonummer ist eine Bitcoin-Adresse diejenige, an die man Bitcoin sendet. Jede Adresse hat einen entsprechenden privaten Schlüssel, der es dem Besitzer erlaubt, die Bitcoins auszugeben, indem er eine digitale Signatur erzeugt.

Bancor – Die Einheit für eine globale Währung, die 1944 in Bretton Woods vorgeschlagen wurde.

Bitcoin (System) – Ein System für dezentrales, digitales, knappes Geld, geschaffen von Satoshi Nakamoto.

Bitcoin (Token) – Die Werteinheit im Bitcoin-Netzwerk. Jeder Bitcoin besteht aus 100.000.000 Satoshis.

Block – Eine Menge von Bitcoin-Transaktionen kombiniert mit einer speziellen Proof-of-Work-Nummer. Ein Block ist gleichbedeutend mit einer Seite im Bitcoin-Kassenbuch. Ein neuer Block wird ungefähr alle zehn Minuten erstellt.

Blockchain – Ein dezentrales Buchführungssystem, das durch Bitcoin ins Leben gerufen wurde. In Bitcoin verfolgt die Blockchain, wie viele Bitcoins sich auf jeder Adresse befinden. Die Bestandteile einer Blockchain sind Blöcke.

Blockchain-Technologie – Systeme, die geschaffen wurden, um die Blockchain-Innovation von Bitcoin in irgendeiner Form zu nutzen. Neben Bitcoin und einer Handvoll anderer Kryptowährungen gibt es bisher keine Systeme, die eine breite Akzeptanz erfahren haben.

Börsen mit Hebelfunktion – Eine Börse, die den Handel bis zum 100-Fachen des Einzahlungsbetrags ermöglicht.

BTC – Symbol/Ticker, das verwendet wird, um Bitcoin auf Börsen, Anbietern und Wallets darzustellen. XBT ist auch ein beliebtes Symbol.

Dezentral – Ein System ohne einen Single Point of Failure.

Digitale Signatur – Beweis, dass der Benutzer oder Unterzeichner den privaten Schlüssel einer bestimmten Adresse kennt. Dies ist konzeptionell ähnlich wie das Unterschreiben eines Bankschecks, um zu bestätigen, dass eine bestimmte Person der Kontoinhaber ist, hat aber den zusätzlichen Vorteil, dass die Handschrift der Person nicht gezeigt werden muss. Beim Versenden von Bitcoins signiert der Absender die Transaktion und beweist damit den Besitz der Bitcoins, ohne den privaten Schlüssel preiszugeben.

Dollarstandard – Das System der monetären Vorherrschaft des US-Dollars im globalen Handel. Begonnen 1944 nach Bretton Woods und fortgesetzt 1971 durch den Petrodollar.

Fiat-zu-Krypto-Börsen – Eine Börse, die den Handel von Fiat gegen Kryptowährungen ermöglicht.

Fiatwährung – Eine Währung, die von einer Zentralbank ausgegeben wird.

FOMO – «Fear Of Missing Out», ein Begriff, der oft verwendet wird, um Herdenmentalität und irrationale Kaufentscheidungen zu beschreiben.

Fullnode – Software, die zur Validierung der Transaktionen und der Integrität der Blockchain verwendet wird.

Goldstandard – Ein dominantes Weltwährungssystem, bei dem der Wert der Fiatwährung einer Nation durch eine bestimmte Menge Gold gedeckt war, die die Regierung als Reserve hielt.

Halving – Ein Ereignis im Bitcoin-Netzwerk, bei dem alle vier Jahre die Mining-Belohnung in einem Block halbiert wird.

Krypto-zu-Krypto-Börsen – Eine Börse, die nur den Handel zwischen Kryptowährungen erlaubt.

KYC – «Know Your Customer», eine von Regierungen erzwungene Praxis, bei der Banken viele persönliche Informationen über jemanden sammeln müssen, um ihm eine Finanzdienstleistung anbieten zu können. Diese Informationen werden dann durch Gesetze wie den US Bank Secrecy Act an Regierungen weitergegeben.

Lightning Network – Ein System, das entwickelt wurde, um die Kapazität von Bitcoin auf Millionen von Transaktionen pro Sekunde zu skalieren. Diese Innovation fügt den Bitcoin-Transaktionen ebenfalls eine bessere Privatsphäre hinzu.

Liquidität – Der Betrag eines Vermögenswertes, der in einer bestimmten Periode leicht gekauft oder verkauft werden kann.

Miner – Eine Einzelperson oder eine Gruppe (genannt «Mining Pools»), die spezialisierte Computer nutzen, um spezielle Proof-of-Work-Zahlen zu finden, um neue Blöcke zu erstellen.

Mining-Belohnung/Miner-Gebühr – Die Bitcoins, die ein Miner für die Verarbeitung von Transaktionen und die Sicherung des Bitcoin-Netzwerks erhält.

Octopus-Karte – Eine elektronische Zahlungskarte in Hongkong.

Off-Chain-Transaktion – Eine Transaktion, die nicht in der Bitcoin-Blockchain aufgezeichnet wird, wie es bei Lightning-Network-Transaktionen der Fall ist.

Öffentliche Blockchain – Eine Blockchain, die von jedem heruntergeladen, aufgerufen und durchsucht werden kann.

On-Chain-Transaktion – Eine Transaktion, die direkt in der Bitcoin-Blockchain verarbeitet und aufgezeichnet wird.

Peer-to-Peer-Börsen – Eine Börse, die ein persönliches Treffen erfordert, um einen Handel auszuführen.

Privater Schlüssel – Ähnlich wie ein Passwort für ein Bankkonto, schaltet ein privater Schlüssel die Möglichkeit frei, Bitcoins von einer bestimmten Wallet zu transferieren. Der Besitz des privaten Schlüssels ist also gleichbedeutend mit dem Besitz der Bitcoins.

Proof of Work – Der Prozess, mit dem Miner beweisen, dass sie Energie aufgewendet haben, um einen neuen gültigen Block vorzuschlagen, der der Blockchain hinzugefügt werden kann.

Sat/Satoshi – Die kleinste Einheit von Bitcoin. 100.000.000 Satoshis sind ein Bitcoin.

Satoshi Nakamoto – Der/die Erfinder/in von Bitcoin.

Wallet – Eine App oder ein Hardware-Gerät, mit dem Benutzer Bitcoins senden und empfangen können.

Whitepaper – Ein aussagekräftiger, oft akademischer Bericht, der den Leser umfassend über ein bestimmtes Thema informieren soll. Das Originaldokument, das Bitcoin und seine technischen Details beschreibt, wurde in diesem Format im Oktober 2008 von Satoshi Nakamoto präsentiert.

Zentrale Instanz – Eine Behörde oder Organisation, die Entscheidungen für ein bestimmtes System trifft.

Zentralisiert – Ein System mit einem Single Point of Failure. Das kann z.B. ein System sein, das von einer Person, einer Stiftung, einem Unternehmen oder einer Regierung betrieben wird.

GLOSSAR

Danksagungen

Die Autoren möchten sich bei den folgenden Personen dafür bedanken, dass sie ihre Zeit und ihr Fachwissen zur Verfügung gestellt haben, ohne die das Projekt zu einer weitaus größeren Herausforderung geworden wäre:

Leigh Cuen

Sam Corcos

Nick Foley

Irl Nathan

Jane Song Lee

Juni Park

Rodrigo Linares

Nick Neuman

Tomiwa Lasebikan

Wir möchten uns auch bei den folgenden Personen für die Unterstützung während unseres Buchsprints bedanken:

Bill Barhydt

Daniel Buchner

Kryptograffiti

Jill Carlson

Juan Gutiérrez

Han Hua

Ben Richman

Bill Tai

Mike Youssefmir

Sebastien Lhuilieri

Die folgenden Personen haben uns im Laufe der Jahre sowohl informiert als auch inspiriert:

Nick Szabo
Andreas Antonopoulos
Jameson Lopp
Elisabeth Stark
Marek Palatinus
Pavol Rusnak
Michelle La

Die folgenden Organisationen haben uns ermutigt, dieses Buch zu schreiben:

Blockchain Capital
BloomX
Casa
Human Rights Foundation
BuyCoins Afrika
Open Money Initiative
Universität von Texas

Und natürlich sind wir Tim Chang sehr dankbar, dass er uns sein wunderbares Haus zur Verfügung gestellt hat, und vor allem unseren Familien und Angehörigen, die uns angefeuert haben.

DANKSAGUNGEN

Ist Bitcoin vielleicht die Lösung für eine bessere Zukunft?

Aprycot Media ist das größte deutsche Bitcoin-Verlagshaus, wir helfen dir das Geld von Morgen besser zu verstehen.

Wenn du dich also für dieses Thema interessierst, sieh dir doch mal auf **www.aprycot.media** an, was es so gibt.

Bitcoin Entdecken

Bitcoin ist die vielleicht größte Erfindung unserer Zeit. Trotzdem haben die meisten Menschen keine Ahnung was es ist, oder wie es funktioniert. Diese kurze Lektüre hilft, Bitcoin und seine Komponenten Schritt für Schritt zu entdecken und zu verstehen. Sie ist mit Sicherheit eine unerlässliche Grundlage, bevor man sich mit einer Investition auseinandersetzt.

Der Bitcoin Standard

In Der Bitcoin-Standard führt Wirtschafts-wissenschaftler Saifedean Ammous den Leser durch die faszinierende Historie verschiedener Formen von Geld. Er erkundet, was diesen unterschiedlichen Technologien ihren monetären Status gab und wie sie ihn wieder verloren, was uns das über die wünschenswerten Eigenschaften von Geld lehrt und wie Bitcoin versucht diese zu erfüllen.

ΛPRYCÖT